사게 만드는 법칙

KB034975

DENTSUSAN, TIRE URITAINODE YUKI FURASETEYO.

© TATSUHEI HONMA 2018

Originally published in Japan in 2018 by DAIWA SHOBO CO.,LTD., TOKYO.

Korean translation rights arranged with DAIWA SHOBO CO.,LTD., TOKYO,

through TOHAN CORPORATION, TOKYO, and EntersKorea Co.,Ltd., SEOUL.

이 책의 한국어판 저작권은 (주)엔터스코리아를 통해 저작권자와 독점 계약한 (주)매경출판에 있습니다.

저작권법에 의하여 한국 내에서 보호를 받는 저작물이므로 무단전재와 복제를 금합니다.

사게 만드는 법칙

꼭 사야 할 것 같은 분위기를 만드는
반전의 마케팅

혼마 다쓰헤이 지음 | 최예은 옮김

매일경제신문사

점장 말 한마디에 TV 20대가 팔렸다

세일 현장의 프로모션을 분석하기 위해 매장 시찰을 자주 나간다. TV 판촉 업무를 담당하던 때, 어느 가전 매장의 신규 오픈 세일을 확인하러 간 적이 있다. 그날의 특별 기획은 '서프라이즈 타임 세일'로 어떤 제품인지, 언제 시작하는지 미리 공개하지 않은 상황에서 갑자기 한정 수량으로 특가를 발표하는 세일이었다.

TV 매장 앞에서 마냥 기다리고 있었더니 '딸랑딸랑' 하는 차임벨 소리와 함께 점원이 나타나 세일 대상 TV에 서프라이즈 가격표를 붙여 나갔다. 필자가 관심 있던 인기 TV에도 20대 한정 서프라이즈 특가가 붙었다. '최신형이니 순식간에 팔리겠지' 하고 지켜보았는데 몇 명을 빼고는 TV 를 구매할 기미를 보이지 않았다. 원인은 아무래도 가격 인하 폭이 생각보다 적기 때문인 듯했다. 그들이 발표한 서프라이즈 가격은 확실히 저렴하긴 했지만 그래도 신규 오픈 행사에 걸맞은 초저가라기엔 조금 애매한 가격이었다.

그때 갑자기 점장처럼 보이는 중년 직원이 씩씩하게 걸어 나와 빨간 매직을 꺼내 들더니 조금 전에 붙인 서프라이즈 가격을 서둘러 지우고 그것보다 훨씬 싼 가격을 무서운 기세로 써내려갔다.

점원은 놀란 얼굴로 주뼛주뼛 점장에게 물었다.

"점장님, 괜찮겠어요……?"

그러자 점장은 단호하게 잘라 말했다.

"괜찮아, 오늘 다 못 팔면 도리어 내가 질책을 당할 거야."

그들의 대화는 주변에 있던 고객들에게도 들릴 정도였다. 그러자 조금 전까지 몇 명뿐이던 구매 희망자 줄에 20명 이상이 순식간에 몰려들었다. 필자도 그 줄에 달려든 사람 중 한 명이었다. 세일 방식을 연구하러 나간 매장에서 TV를 사고 만 것이다. 충동구매를 한 셈이지만, '아주 저렴하게 TV를 샀다'는 만족감에 뿌듯해하며 매장을 나섰다.

과연 얼마나 싼값에 TV를 샀을까. 돌아오는 전철 안에서 가격 비교 사이트를 확인해 보았다. 그리고 무척 실망하고 말았다. 필자가 산 TV는 그다지 저렴한 수준이 아니었다. 초저가라고 했지만 오히려 가격 비교 사이트의 최저가가 조금 더 쌌다. 더구나 처음 점원이 발표했던 서프라이즈 가격은 소비자에게 전혀 이득이 될 수 없는 가격이었다.

그제야 퍼뜩 깨달았다.

'혹시 이거, 구매 욕구 자극을 위해 일부러 그런 것 아냐?'

고객의 구매 욕구를 높이는 분위기를 만들 수 있을까?

늦었지만 여기서 자기소개를 하겠다. 나는 덴쓰 테크라는 광고 회사에서 구매 행동 마케팅 업무를 맡고 있다. 구매 행동 마케팅이란 제품을 기준으로 하는 기존의 마케팅 방식이 아니라 고객의 구매 행동을 기준으로 판매 방식을 고안하는 마케팅이다. 또한 덴쓰그룹의 구매 기점 커뮤니케이션 전문 유닛 '덴쓰 SPAT'의 창설 멤버기도 하다.

지금까지 뇌과학, 심리학, 행동경제학을 중심으로 고객의 구매 욕구를 높이는 방법을 찾아 매장 판촉은 물론 방송 광고, 디지털 정책, PR, 이벤트, 매장 디자인과 같은 다양한 프로모션에 참여해 왔다. 다시 말해 '어떻게 하면 고객이 제품을 구매하고 싶어 하는 분위기를 만들 수 있는가?'를 고민하고 답을 내는 게 바로 나의 임무다.

전작 《구매 욕구를 높이는 분위기 창출법》에서는 '물건이 잘 팔리지 않는 시대에 어떻게 해야 많이 팔 수 있는가?'를 주제로 최신 프로모션을 소개했다. 그로부터 10년이 지났지만, 안타깝게도 물건이 잘 팔리지 않는 상황에는 변함이 없다. 과거에 비해 주가나 실업률이 개선되었지만 경기 회복은 여전히 피부로 느껴지지 않는다. 얇은 지갑은 오히려 지난 10년 사이 한층 더 얇아진 것 같다. 이런 상황에서 '어찌 됐든 우리 제품을 팔려면 어떻게 해야 하는가?' 같은 과제를 해결하는 것이 나의 일이다.

이제 더 이상 통하지 않는 정공법

어느 슈퍼마켓의 임원이 이런 말을 한 적이 있다.

"옛날에는 TV 광고를 빵 터트리면 매장에 고객이 우르르 몰려들어 제품이 불티나게 팔려나갔지. 지금은 아냐."

아마도 그는 다음과 같은 판매 방식을 말하는 듯했다.

1. 제조사와 광고 회사가 대형 TV 광고를 계획한다.
2. 제조사의 영업부는 유통 업체와 협상을 한다.

   "이번에 새로 나온 제품은 TV 광고를 크게 때릴 거예요! 이건 틀림없이

   대박 날 겁니다!"
3. 유통 업체는 그 말을 믿고 제품을 대량으로 사들여 가게의 가장 좋은 자

   리에 쌓아 놓는다.

이것이 바로 광고와 매장을 연동한 프로모션의 정공법이었다. 고객은 광고에서 접한 제품이 매장 내 가장 눈에 띄는 자리에 산더미처럼 쌓여 있으면 '한번 사볼까' 하며 손을 내밀었다. 그런데 최근에는 이러한 정공법의 효과가 사라졌다. 많은 예산을 들여 신제품을 광고하고 매장의 가장 좋은 위치에 진열해도 기대했던 만큼의 반응을 얻지 못한 채 몇 주 만에 사라지고 만다. 지금은 그런 제품이 끝없이 쏟아지고 있다.

뇌과학, 심리학, 행동경제학을 총동원하라

제품이 팔리지 않는 가장 큰 원인은 무엇일까? 고객이 광고를 보지 않아서? 아니면 진열 방식에 싫증을 느껴서?

자세한 내용은 앞으로 설명하겠지만, 현대 사회는 구매자가 접하는 정보량, 제품의 선택 사항, 구매 방법 등이 매우 다양해지면서 기존의 단순한 판매 전략 패턴을 쓸 수 없게 되었다. 그래서 판매자인 우리는 대책을 고민한다.

'변화하는 구매자의 심리를 어떻게 움직일 것인가?'

이러한 과제를 해결하기 위해 심리학은 물론 뇌과학, 행동경제학, 인간공학 등 다양한 학문을 총동원하여 사례 분석이나 실험, 조사를 진행한다. 이를 통해 '잘 팔리는 패턴'의 법칙을 찾아내려 애쓰고 있다. 또한 스마트폰이나 SNS 등 고객들의 구매 방식에 맞춰 매일매일 새로운 판매 기법도 개발하고 있다.

기존 방식으로는 눈길도 주지 않았던 제품이 새로운 기법을 통해 크게 주목받는 사례도 있다. 이 책에서는 그러한 판매 전략을 '구매 욕구를 높이는 방법'이라고 부르기로 한다. 혹시 앞서 등장했던 서프라이즈 타임 세일에도 그러한 방법이 포함되어 있다는 사실을 알아차렸는가? 이것 역시 자세히 설명하도록 하겠다.

구매 욕구를 높이는 방법

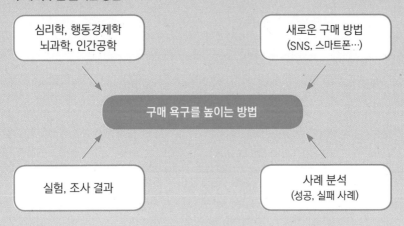

구매 욕구를 높이는 방법

고객의 '구매 욕구를 높이는 방법'을 공개한다

실제 현장에서 적용해보고 효과가 아주 좋았던 마케팅 방법을 숨김없이 소개하려 한다. 부디 일상 업무에 도움이 되었으면 한다. 이를 위해 다음 두 가지 사항에 중점을 두었다.

하나는 실용성이다. 나 역시 마케팅에 관한 책을 좋아하고 존경하는 저자도 많다. 그런데 한 가지 아쉬운 점이 있다. 어느 책이든 저자의 능력이나 노하우의 수준이 너무 높아 실천하기가 어렵다는 점이다.

현장 업무에 필요한 지식은 손쉽게 판매량을 늘리는 방법론이다. 그런데 기존의 책들은 너무 고상해서 읽고 나면 뿌듯하거나 어딘가에 도움이 될 듯한 기분이 드는 정도로 끝나는 경우가 많다. 그래서 이 책은 고객의 구매 욕구를 높이는 방법을 다음 세 가지 기준으로 엄선해 다룬다.

1. 범용성

어디든지 활용할 수 있다!

업종이나 직종을 불문하고 폭넓은 분야에 적용할 수 있다.

2. 재현성

지금 바로 시도할 수 있다!

대규모의 설비나 예산 없이도 바로 실행에 옮길 수 있다. 특별한 능력이

나 재능이 없어도 누구나 시도할 수 있다.

3. 즉효성

금방 효과가 나타난다!

금방 효과가 나타난다. 그리고 그 효과가 이미 입증되었음에도 그다지

사용되지 않은 방법이다(적어도 경쟁사는 시도하지 않았다).

다른 하나는 읽기에 '쉽다'는 점이다. 너무 어려워 도중에 읽기를 포기하지 않도록 가독성을 높였다. 모처럼 책을 썼는데 '지겨워, 뭐야, 무슨 말인지 도무지 알아들을 수가 없어'하며 독자가 책에서 손을 놓는 것만큼 가슴 아픈 일도 없다. 그래서 한 손에 맥주를 들고 가볍게 읽을 수 있는 책을 목표로 썼다. 어깨에 잔뜩 힘을 들이지 않아도 문장이 술술 읽히도록 여러모로 궁리했다.

한편 이 책을 보고 필자를 크게 비난할 사람이 있을지도 모르겠다. 고객에게 들키지 않도록 몰래 걸어 놓은 마케팅의 마법을 모두 털어놓았기 때문이다. 그분들에게 먼저 용서를 구하고자 한다.

"비법을 전부 털어놓아서 정말 죄송합니다."

혼마 다쓰헤이

Contents

제3장 팔리는 패턴이 있다

제4장 입지 최악 건어물 가게가 망하지 않는 이유

제5장 SNS, 제대로 알아야 잘 써먹는다

제6장 사야 할 것 같은 분위기를 만드는 마케팅

제7장 고객의 쇼핑이 즐겁지 않은 이유

Marketing

제1장

겨울용 타이어를 팔고 싶은데
눈이 오게 할 수 있을까?

팔지 말고, 사고 싶은
분위기를 만들어라

고객이 꼭 사야만 하는 분위기를 연출하라

프레젠테이션의 성패는 제안 배경에 숨어 있는 고객의 본심을 제대로 파악했는지에 따라 달라진다. 그래서 평소에 고객과의 대화가 무척 중요하다. 이야기를 나누다 보면 고객이 생각지도 못한 본심을 드러낼 때가 있다. 예를 들면 겨울용 타이어 회사의 직원과 자연스레 대화를 나누다가 이런 질문을 하는 것이다.

"과거에 가장 효과가 좋았던 프로모션은 뭐예요?"

"음, 효과가 좋았던 거라…… 글쎄요, 제 개인적인 생각입니다만 겨울용 타이어는 아무리 좋은 프로모션도 이길 수 없는 요소가 하나 있습니다."

"그래요? 그게 뭡니까?"

"제일 큰 영향을 주는 건 아무래도 날씨죠. 초겨울에 눈이 많이 내리면 겨울용 타이어가 잘 팔리니까요. 특히 도심에서는 연내에 눈이 오느냐 마느냐에 따라 그해의 매출이 결정될 정도입니다."

"그렇군요."

"혼마 씨, 눈이 오게 할 수는 없을까요?"

"네? 지금 무슨 말씀을?"

"그러니까 혼마 씨가 눈을 내려주면 계약하겠다고요(웃음)."

"……."

실제 현장에서는 이처럼 엉뚱한 의뢰가 들어오는 일은 없다. 하지만 아무리 많은 예산을 들여 대규모의 프로모션을 펼쳐도 '눈'이라는 겨울용 타이어의 최대 구매 동기에 비하면 프로모션의 효과는 아주 미미하다고 할 수밖에 없다.

어쩌면 이것은 꽤 일맥상통하는 이야기인지도 모른다. 맥주 회사는 '더운 여름', 난방기 회사는 '추운 겨울'이 오기를 무엇보다 바랄 것이다.

"눈이 오게 할 수는 없을까요?"

이런 질문을 받는다면 어떻게 대답할 것인가? 농담에는 농담으로 되받아치는 것이 현명하다.

"빙판길을 만드는 일이라면 할 수 있습니다. 한밤중에 전 직원을 총동원해 도로에 물을 뿌려둘까요?(웃음)"

눈을 대신할 무언가를 찾아라

현대 사회는 정보 홍수의 시대라고 불린다. 소비자는 정보가 홍수처럼 흘러넘치는 환경 속에서 자신에게 필요한 것만 골라 선택한다. 당연히 광고 같은 정보는 잡음으로 여겨 가장 먼저 차단하고 만다. 이처럼 열악한 상황이라 해도 겨울용 타이어를 팔기 위해 눈이 오게 할 수만 있다면…… 모든 일이 깔끔하게 해결될 것이다.

그러나 〈겨울 왕국〉의 주인공인 엘사가 아닌 이상 마음대로 눈을 내리게 할 수는 없다. 하지만 눈을 대신할 무언가를 활용해서 소비자에게 '○○을 사야 해!'라는 구매 욕구를 불러일으킨다면 눈 없이도 타이어 판매가 가능해질 것이다.

지금부터 이 책에서 소개하는 내용은 눈을 대신할 방법이다. 눈이 오게 할 수는 없어도 그것과 동등한 효과를 발휘하여 꼭 사야 한다는 고객의 구매 동기를 이끌어낼 수는 있다. 소비자들이 눈 이외에 겨울용 타이어로 교체하게 되는 계기는 무엇일까.

"이봐, 이봐! 지금 타이어를 교체하지 않는 사람이 제일 먼저 교통사고를 내는 거야! 빙판길이 얼마나 무서운지 몰라?" 하며 타이어에 정통한 친구가 한마디를 한다면 어떤 생각이 들까. 자신을 걱정해 주는 친구의 조언을 들으면 '그 말을 들어볼까' 하는 마음이 들 것이다. 오른쪽 귀에서 왼쪽 귀로 흘러나가던 점원의 설명도 친구의 말이라면 귀담아듣게 된다.

"가족 모두가 눈이 많이 오는 지방으로 온천 여행을 간다며? 이 타이어로 바꾸면 완벽하겠네." 가족의 목숨을 지켜야 한다는 막중한 책임감이 재확인되면서 친구로부터 이런 말을 들으면 어떨까. 가장 적합하다고 추천받은 브랜드가 아닌 다른 회사의 타이어를 선택하기는 더욱 어려워질 것이다.

타이어뿐만 아니다. 판매자는 모든 제품에 '그걸 사야 해!' 하는 마음이 생기도록 고객들의 구매 욕구를 자극하는 마법을 걸 수 있다. 병원균의 영상과 함께 '알레르기성 질환을 예방할 수 있는 것은 이 청소기뿐입니다'라는 정보를 접하면 어떨까? 여러 회사 제품의 성능을 비교할 것도 없이 바로 가전 매장으로 달려가 그 청소기의 가격 흥정을 시작할지도 모른다.

"200명 중에서 한 명밖에 살 수 없는 인기 게임기가 한 대 있는데 살래?"라고 갑자기 친구가 물어보면 어떨까. 처음에는 그다지 관심도 없던 물건이지만 '그렇게 인기라면' 하는 마음에 서둘러 사러 갈지도 모른다.

"이 옷을 사면 옷의 가격만큼 포인트가 쌓이니 공짜나 다름없어요"라고 점원이 생각지도 못한 제안을 한다면 어떨까. 공짜로 그냥 준다는데 값싼 옷을 고를 때가 아니다.

이처럼 세상의 많은 마케터가 걸어놓은 여러 프로모션의 마법을 보고 있으면, 타이어 판매에도 '눈' 이상으로 강한 효력을 지닌 다양한 마케팅 방법이 있다는 사실을 깨닫게 된다.

세일의 고마움을 고객에게 전하라

〈들어가며〉에서 소개한 가전 매장의 서프라이즈 타임 세일을 다시 떠올려 보자. 그곳에도 고객들이 '사야 해!' 하며 기꺼이 지갑을 여는 구매 욕구를 높이는 방법이 가득 담겨 있다.

첫 번째는 '시간제한(구매 욕구를 높이는 방법 1)'을 활용하는 것이다.

서프라이즈 타임 세일은 신규 매장이 오픈한 직후 며칠 동안, 특히 어느 한순간에 원하는 제품을 살 수 있을지가 결정되는 궁극의 기간 한정 세일이다.

'지금 이 타이밍을 놓치면 TV를 이 가격에 살 기회는 두 번 다시 오지 않는다.'

이렇게 생각하는 것도 무리는 아니다. 실제로 서프라이즈 타임 세일 중에는 찰나의 한순간을 기다리는 팽팽한 긴장감으로 매장 안의 기류가 심상치 않다. 서프라이즈 타임 세일 방식은 요즘 유통업계에서 발생하는 문제를 아주 명쾌하게 해결해 준다.

'쇼루밍Showrooming'이라는 말을 들어본 적이 있는가? 고객이 매장에서 마음에 드는 제품을 고르고 인터넷에서 가장 저렴한 곳을 찾아 구매하는 방식을 말한다. 매장을 쇼룸처럼 활용하는 현상을 빗대어 쇼루밍이라는 용어가 탄생한 것이다. 이것이 지금 오프라인 매장을 운영하는 유통업계에서 가장 큰 문제가 되고 있다.

매장은 건물 임대료나 유지 관리에 많은 비용이 들어가고 제품을 자세히 설명해 줄 점원도 항상 배치해 두어야 한다. 그런데 충분히 설명을 들은 고객이 그곳에서 제품을 사지 않고 매장에서 한 발자국 나와 손에 든 스마트폰으로 인터넷 쇼핑을 해버리니 매장 측에서 보면 정말 어처구니없는 일이다.

그러나 서프라이즈 타임 세일 방식은 고객에게 스마트폰으로 가격을 체크할 시간을 주지 않는다. 짧은 시간 안에 살 수 있느냐 없느냐가 결정되는 시간 한정 세일은 쇼루밍의 영향을 거의 받지 않는다.

"시간 한정 세일? 그래 봐야 세일 아냐? 그런 거야 항상 하고 있지."

유통업 관계자는 그렇게 말할지도 모른다. 하지만 내가 아는 한 진짜로 세일을 제한된 시간에 진행하는 회사는 몇 곳 되지 않는다.

"세일 기간이 끝나도 남은 제품은 싼 가격 그대로 다 팔아치우겠다."

이것이 유통업계의 일반적인 관행이기 때문이다. 하지만 그런 상황이 계속되면 어떻게 될까. 고객들은 '어차피 세일이 끝나도 가격이 저렴할 텐데 급하게 살 이유가 없지' 하며 세일에 익숙해진다. 세일의 고마움은 점점 사라지고 고객을 끌어모으는 힘도 약해지고 만다.

시간 한정 세일의 좋은 사례로는 아마존의 '프라임 데이'가 있다. 아마존이 1년에 딱 한 번, 24시간 한정으로 진행하는 초특가 세일로 할인율의 폭이 커서 인기가 많다. 더구나 가장 큰 핵심은 세일이 끝나면 프라임 데이 가격을 반드시 원래대로 되돌린다는 점이다.

프라임 데이가 끝나면 정말 원래 가격으로 되돌아갈까? 구매자는 그것을 꼼꼼히 체크한다. 원래의 가격으로 되돌아온 것을 확인하면 제품을 산 사람은 만족감을, 그리고 사지 못한 사람은 아쉬움을 느끼며 또다시 내년에 찾아올 프라임 데이 참여를 맹세한다.

우연성의 창출을 노려라

서프라이즈 타임 세일은 '우연성의 창출(구매 욕구를 높이는 방법 2)'에도 성공적인 기술이다. 자신이 원하는 제품이 과연 세일 대상일까, 할인율은 얼마나 될까, 무엇보다 서프라이즈 세일을 하기는 할까? 자신이 세일의 행운을 만날지 어떨지는 하늘의 신만이 아는 상황이다.

필자 옆에 서 있던 남자는 오픈 세일에 맞춰 회사에 휴가를 내고 점심 때부터 기다렸다고 한다. 구매를 원하는 제품 코너 앞에서 몇 시간이나 기다렸지만 세일할 기미가 전혀 보이지 않고 밤이 되어 슬슬 포기하려던 차에 딸랑딸랑! 차임벨 소리와 함께 점원이 나타났다. 이 사람에게 매장 점원은 그야말로 신과 다름없는 존재로 비칠 것이다.

우연성을 창출하는 판매 방법이 갖는 효과를 하나 더 꼽자면 제품을 사 간 사람이 자신의 무용담을 여러 사람과 공유한다는 점이다. 우연성은 다른 사람에게 자랑하고 싶은 욕구를 낳는다.

"마지막으로 남은 하나를 극적으로 샀어!"

운 좋게 제품을 손에 넣은 사람은 참을 수 없는 기쁨을 SNS에 인증해 확산시킨다.

정직한 마케팅은 오히려
더 팔리게 한다

속사정을 정직하게 털어 놓아라

세 번째는 TV를 살 계획이 전혀 없던 내가 TV를 사게 만든 강력한 마법인 '정보 공개(구매 욕구를 높이는 방법 3)' 비법이다.

순식간에 TV 20대를 팔았던 매장 직원들의 대화를 기억하는가?

"점장님, 괜찮겠어요……?"

"괜찮아, 오늘 다 못 팔면 도리어 내가 질책을 당할 거야."

그들의 이런 대화를 듣고 누구라도 이렇게 생각했을 것이다.

"서프라이즈 타임 세일인데 다 팔지 않으면 이 기획이 실패로 돌아가겠지."

"개점 첫날이니 가전 회사의 높은 사람도 많이 와 있을 거야. 설마 창피를 주겠어."

"그렇구나, 그래서 이익 없이 파격가를 붙였구나. 그래, 이건 사야겠다."

고객은 가격이 너무 싸면 도리어 경계심을 갖는다. 싼 것이 비지떡인 제품은 피하고 싶기 때문이다. 그래서 가격이 싼 이유를 알고 싶어 한다.

《무인양품 보이지 않는 마케팅》에 의하면 무인양품은 고객에게 판매 가격을 책정한 이유를 상세히 설명한다고 한다. 왜 이 가격을 붙였는지 그 이유를 고객에게 정중히 전달한다. 예를 들면 무인양품의 온라인 매장에는 이런 설명이 붙은 제품이 있다.

제품명: 들쑥날쑥 딸기가 들어 있는 화이트 초콜릿
크기가 고르지 않거나 과육이 보이는 딸기도 사용했습니다.

딸기가 들어 있는 초콜릿이라면 홋카이도의 '롯카테이'가 가장 유명하지만 무인양품에서는 그것보다 훨씬 저렴한 딸기 초콜릿을 판매한다. 사람에 따라서는 '품질이 떨어지는 딸기를 썼나?' 의심할 수도 있다. 그런데 '고급 브랜드에서 쓰지 않는 크기가 고르지 않은 딸기도 사용했습니다'와 같이 가격이 저렴한 이유를 미리 설명하면 고객이 안심하고 제품을 고를 수 있다.

판매자에게 조금 불리한 사실이라도 그것을 공개함으로써 안도감을 주는 방법을 '정직 마케팅'이라고 부른다. 지금은 인터넷을 통해 어떤 정보라도 간단히 손에 넣을 수 있는 시대다. 생산자나 판매자의 정보가 불확실한 것이 도리어 부자연스럽다.

정직 마케팅을 이야기할 때 항상 사례로 소개하는 곳이 'OK 슈퍼마켓'이다. OK 슈퍼마켓에서는 '어니스트Honest 카드'를 이용해 고객이 알아 두면 좋은 정보를 숨김없이 공개한다.

"지금 판매 중인 자몽은 남아프리카산으로 신맛이 강한 품종입니다. 플로리다산의 맛있는 자몽은 12月에 들어올 예정입니다."

"오랜 장마로 양상추의 품질이 평소보다 떨어지고 가격도 급등하고 있습니다. 당분간 다른 제품으로 대체하시기를 추천합니다."

여러 광고 전단을 살펴보는데 '이 과일은 달지 않습니다'라고 고객에게 솔직하게 말하는 슈퍼마켓은 OK가 처음이었다.

정직 마케팅의 효과는 매우 크기 때문에 나는 항상 고객에게 속사정을 가능한 한 공개하라고 조언한다. 예를 들면 '가격을 내리기 위해 이러이러한 기능은 없앴습니다' 또는 '다음 달에 새로운 모델이 나올 예정이어서 가격을 내립니다'와 같이 고객들이 궁금해 하는 사실을 시원하게 공개하는 것이다. 정보를 공개하면 할수록 기업에 대한 신뢰감이나 친근감은 더욱 상승한다.

부탁하지도 않았는데 가격을 깎아 주는 점원

〈들어가며〉의 사례에서 점장은 점원이 처음 붙인 서프라이즈 가격에서 한 번 더 가격을 내렸다. 그것이 바로 '단계적 할인(구매 욕구를 높이는 방법 4)'이다. 한꺼번에 가격을 내리지 않고 두 번에 걸쳐 가격을 내리면 고객들이 느끼는 할인 만족감은 더욱 커진다. 이것은 홈쇼핑 광고에서 자주 쓰이는 단골 전략이다.

"지금 이 가격은 초특가지만 조금 더 특별한 가격으로!"

고객들의 에누리 요구를 들어주는 일도 단계적 할인이다. 이미 할인율이 큰 폭으로 적용된 특가제품이지만 그래도 '조금 더!' 깎는다면 무척 이득을 본 듯한 기분이 든다. 열심히 매달려서 가격을 깎은 사람만이 이득을 봤다고 생각하기 때문이다.

그러나 매장에서는 이미 에누리에 잘 대응하면 고객의 구매 결정률이 높아진다는 사실을 알고 있다. 일부 가전 매장에서는 고객의 에누리 요구를 예상하여 처음부터 에누리 금액의 허용 범위를 정해 두기도 한다. 그런 매장에서 고객이 가격을 깎지 않고 물건을 사면 재미있는 일이 벌어진다.

"고객님께서 빨리 결정해 주셨으니 2,000엔 더 깎아 드리겠습니다!"

제품을 샀는데도 불구하고 점원은 에누리 대책으로 준비한 만큼을 추가로 할인해 준다. 처음부터 이곳에서는 단계적 할인을 염두에 두고 있었던 것이다.

조잡하게 진열하면 더 팔린다

마지막으로 하나 더, '조잡한 진열(구매 욕구를 높이는 방법 5)' 전략을 소개한다.

점장은 골판지 상자를 잘라서 만든 즉석 가격표에 빨간 매직펜으로 기세 좋게 두 번째 서프라이즈 가격을 휘갈겨 썼다. 겨우 읽을 수 있을 정도로 흘려 쓴 숫자는 손글씨 전단 광고 최고의 걸작이라고 해도 좋다. 점장에게 발생한 긴급한 사태, 출혈 서비스 가격이라는 점을 조잡한 글씨로 충분히 표현할 수 있기 때문이다.

조잡함으로 승부를 거는 마케팅이 과연 다른 곳에서도 쓰일까? 사실은 일상적으로 많이 사용되는 기법 중 하나다. 예를 들어 잡화점 같은 곳에 가보면 바구니에 마구잡이로 쌓여 있는 제품을 본 적이 있을 것이다. 이것은 '셔플 진열'이라고 부르는 세일 제품의 진열 방식이다.

어느 영양 음료를 대상으로 한 실험에서 가격을 전혀 바꾸지 않고 셔플 진열을 한 결과, 매출이 4배로 뛰어올랐다. 왜 그럴까?

매장에 마구잡이로 조잡하게 쌓여 있는 제품은 쌀 것이라 생각한다. 어림짐작으로 결정하는 사람의 판단력을 심리학 용어로 '휴리스틱'이라고 부른다. 사람은 어떤 일을 결정할 때 처음부터 체계적으로 판단하지 않는다. 자주 발생했던 일로부터 대략 짐작하여 판단을 내리는 경향이 있다. '조잡한 진열 = 싸다'는 휴리스틱을 이용해 절대로 싸지 않은 제품을 마치 싼 것처럼 보이게 해놓은 사례는 우리 주변에서 아주 흔하게 찾아볼 수 있다.

지금까지 〈들어가며〉의 서프라이즈 타임 세일을 중심으로 구매 욕구를 높이는 여러 가지 방법을 살펴보았다. 가전 매장의 신규 오픈 행사 하나만 보아도 고객의 마음을 흔드는 다양한 기법이 한껏 담겨 있다는 사실을 충분히 이해했을 것이다.

몇 가지의 상황을 설정하여 고객의 구매 욕구를 높이는 방법을 구체적으로 소개하고자 한다. 구매에 배고픈 상태, 제삼자, 이야깃거리, 공포라는 주제로 세분화했으나 때때로 다른 이야기로 탈선하기도 하니 그 점은 미리 양해를 구한다.

제2장

잘되는 곳에는 그럴 만한
숨은 마케팅이 있다

늘 마감 전 다 팔리는 곱창집, 잘되는 이유는

잘되는 곱창집의 비밀

어느 상점가에 필자가 자주 가는 인기 곱창집이 있다. 곱창은 주로 돼지 간이나 심장, 창자 등을 말하는데 이 집은 곱창과 함께 혀나 볼살과 같은 부속 고기도 꼬치구이로 판다.

곱창은 신선도가 생명이다. '아침에 잡은 고기'라는 표현을 자주 쓰는데, 아침까지 꽥꽥 울던 돼지를 잡은 것이라는 신선함을 강조할 때 쓰는 말이다. 이 집도 아침에 들어온 고기가 그날 모두 팔리기 때문에 곱창이 신선하기로 유명하다. 심지어 예전에 이 집에서는 곱창 회도 팔았었다. 하지만 몇 년 전에 발생한 어느 고기집의 육회 식중독 사건으로 '생식 금지'가 엄격해져 이제 회는 팔지 않는다. 그래도 이 집의 인기는 변함이 없다. 매일 신선도가 뛰어난 곱창을 찾아다니는 손님들이 저녁 개점과 동시에 밀려들기 시작해 대여섯 시간이면 곱창이 전부 팔릴 정도다.

'몇 개 남았는가'를 눈에 띄게 한다

나는 곱창집에서 품절된 메뉴를 손님에게 알리는 방법이 매우 교묘하다는 사실에 주목하고 있었다. 이 집은 간, 혀, 염통 같은 메뉴를 하나하나 나무 팻말에 써서 벽에 매달아 놓는다. 한 종류가 품절되면 해당 메뉴의 나무 팻말을 뒤집어 손님에게 매진이라고 알린다. 팻말의 앞면은 검은색, 뒷면은 빨간색으로 쓰여 있어 폐점이 가까워질수록 처음에는 검은색로 가득 찼던 메뉴들이 점점 빨간색으로 물들어 간다.

"어서 오세요! 빨간 팻말은 매진이니 검은 팻말만이요!"

손님은 벽에 걸린 팻말을 보면 뭐가 남았는지 한눈에 알 수 있다. 그때 손님은 검은 팻말이 점점 빨간 팻말로 바뀌는 것을 보며 '다 떨어지기 전에 저것도 미리 시키자' 조급한 마음이 든다. 늦게 들어온 손님이 이미 검은 팻말이 얼마 남지 않았다는 사실에 초조해하며 "남은 거 전부 하나씩 주세요!" 하고 모든 종류를 한꺼번에 주문하는 광경도 낯설지 않다. 곱창구집은 메뉴 팻말을 활용하여 '팔림새를 가시화(구매 욕구를 높이는 방법 6)' 하고 있었던 것이다.

세일 제품의 쌓아두기 효과를 매장에서 실험하며 팔림새가 눈에 드러날 때의 효과를 직접 실험한 적이 있다. 100개 정도의 특가 제품을 매장에 쌓아두고 팔려나가는 모습을 관찰했다.

처음 10~20개 정도는 신중한 탓인지 특가여도 팔리는 속도가 조금 더디다. 그러나 점점 쌓여 있는 제품의 높이가 낮아지고 50개쯤으로 줄어

들면 제품이 급속도로 팔려나간다. 손님들이 모여들어 북적대기 시작하고 10개 정도가 남으면 다른 손님에게 빼앗겨서는 안 된다는 경쟁 심리가 작용하여 순식간에 제품이 매진된다. 점점 줄어드는 제품과 다른 손님의 존재가 구매 욕구를 부채질하는 것이다.

고객을 가르치는 마케팅의 효과

다시 곱창집으로 돌아가자. 우연히 내 옆에 50대 정도로 추정되는 아저씨 한 명이 앉았다. 가게 안을 두리번두리번 둘러보거나 메뉴를 유심히 쳐다보는 모습으로 보아 아마도 이곳은 처음인 듯했다. 가게의 주문 방식을 잘 몰랐는지 아저씨는 큰 목소리로 "볼살 두 개 주세요!" 하고 빨간 팻말에 쓰인 메뉴를 주문했다.

그러자 "그건 다 팔렸죠. 검은 글씨로 써 있는 걸 시키셔야지" 하고 30대 초반 정도의 젊은 직원이 거의 반말로 주문 방식을 알려줬다.

"아…… 그렇군요."

아저씨는 금방 이 가게의 품절 표시 시스템을 이해했는지 검은 팻말에서 먹고 싶은 것을 고르기 시작했다. 그런데 아저씨는 또다시 경솔한 발언을 하고 만다.

"그럼, 염통으로 주세요. 소금 간으로 부탁합니다."

나도 젊었을 때는 이 아저씨처럼 가끔 조심성이 부족했다. 이곳 곱창집뿐 아니라 처음 들어간 음식점에서는 '로마에 가면 로마의 법을 따르라'

마음가짐이 필요하다. 점원이 먼저 물어보지도 않았는데 맛이나 조리법 등을 추가로 주문하는 행위는 아주 위험한 일이다. 고깃집에서는 소금 간인지 양념 간인지, 라면집에서는 마늘을 넣을지 말지⋯⋯ 처음 간 가게라면 이러한 선택은 모두 점원이 물어봤을 때 대답하는 것이 정석이다. 왜냐하면 가게마다 가장 맛있는 최상의 상태로 손님에게 제공하는 그들만의 비결이 있기 때문이다.

이 곱창집도 손님이 맛을 지정하는 주문은 받지 않는다. 양념 간도 소금 간도 아닌 고기의 풍미를 최대로 살리는 그들만의 비법인 '최고의 간맞춤'이 있다.

"아, 맛은 우리가 알아서 할 거니까."

아저씨에게 또다시 퉁명스러운 반말의 대답이 되돌아왔다.

사실 이 가게는 다베로그(일본의 유명한 음식점 정보 사이트-옮긴이)에서 맛이 좋다고 높게 평가받은 반면 점원의 태도가 문제라는 리뷰가 많다. 특히 점원이 손님에게 반말을 쓴다는 악평이 끊임없이 올라온다. 서민들이 자주 가는 지역의 이런 가게에서는 도리어 반말이 아니면 이상할 정도지만 평소에 그런 곳을 자주 찾지 않는 사람은 '아니, 왜? 손님한테 반말을 해?' 불만을 품을 만도 하다.

반말에 맛을 지정할 수도 없는 이 집의 거만한 태도는 언뜻 보면 가게 이미지에 마이너스가 될 것 같은 느낌이 든다. 하지만 한편으로는 맛에 그만큼 자신이 있으니 그런 접객 방식이 가능하다고 볼 수도 있다.

잘되는 곳에는 그럴 만한 숨은 마케팅이 있다

"접대 대신 맛으로 승부한다."

단골손님은 모두 그것을 이해한다.

가게의 신념을 전하기 위한 규칙을 만들고 그것을 준수한다. 이것은 '가르침 마케팅(구매 욕구를 높이는 방법 7)' 방법이다.

예전에 TV에서 자주 소개했던 '고객을 꾸짖는 오사카의 속옷 가게'도 가르침 마케팅의 대표 사례다. 고객이 살펴보던 속옷을 단정하게 개어 원 상태로 돌려놓지 않으면 여사장에게 혼쭐이 난다. 어째서 그렇게까지 고객에게 엄격한지 사장을 인터뷰했다.

"좋은 제품을 파격가로 팔고 있으니 그것을 사러 오는 사람도 나름대로 룰을 지켜야 한다고 생각해요. 그게 싫다면 우리 가게에 안 와도 상관없어요."

제품의 품질과 가격에 완벽한 자신감이 있기 때문에 고객을 가르칠 수 있는 것이다.

신념이 명확해야 살아남는다

스피드감이 좋은 하이브리드 자전거를 갖고 싶어 전문점을 찾아간 적이 있다. 점원은 내가 스포츠 계열의 자전거는 처음이라는 이야기를 듣고 브랜드별 특징이나 자전거를 고를 때의 핵심 포인트 등을 하나하나 친절하게 알려 주었다. 그런데 막상 자전거를 고르고 나니 옵션을 선택할 때 문제가 생겼다.

"쇼핑을 자주 다녀서요. 자전거 앞부분에 바구니를 달 수 있을까요?" 라고 묻자 점원이 표정을 확 바꾸며 "그건 불가능합니다" 단칼에 거절했다. 그러나 나는 "얼마 전에 하이브리드 자전거에 조금 멋진 바구니를 단 사람을 봤거든요. 그런 건 없습니까?" 물고 늘어졌다.

"바구니를 다는 사람도 있겠죠. 달려고 하면 얼마든지 달 수도 있어요. 하지만 우리 가게에서는 안 해요"라며 점원은 단호하게 거부했다.

'그렇구나, 이 가게도 뭔가 나름의 기준이 있나 보다'라는 생각에 그날은 바구니를 포기하고 집으로 돌아왔다. 며칠이 지나 우연히 그 자전거 전문점의 홈페이지를 보고 점원이 그렇게 강력하게 바구니를 거부한 이유를 알게 되었다. 홈페이지에는 그들의 기업 이념이 실려 있었다.

'우리 회사의 목표는 쓰다가 고장 나면 버리는 자전거 대신 취향에 맞는 기능성과 세련된 디자인을 갖춘 자전거가 쌩쌩 달리는 거리 만들기입니다.'

고객의 요구대로 바구니를 달면 분명 매출이 오를 것이다. 그런데도 바구니를 달지 않는 이유는 멋진 자전거로 넘쳐나는 거리를 만들고 싶다는 이 가게만의 '꿈'이 있기 때문이다. '당신이 선택한 그 자전거는 바구니를 달 자전거가 아니다'라는 사실을 나에게 일깨워주었다.

"손님이 많아서 매장을 확대했습니다."

"유행하기 때문에 시작했습니다."

이렇게 장사를 위한 장사를 하면 가게에 단골이 생기지 않는다. 얼마

만큼 자신의 제품에 자부심을 느끼고 마음을 쏟는가. 조금 과장해서 말하자면 그 일을 통해서 사회에 어떤 변화를 가져오고 싶은가. 이제는 그러한 신념이 명확한 가게만이 살아남을 것이다.

판매자가 신념을 전하고 싶으니 고객도 룰을 지켜야 한다. 때로는 고객을 질타하는 일도 서슴지 않는다. 그것을 지키지 않는다면 우리 고객이 되지 않아도 상관없다. 이러한 가르침 마케팅은 판매자의 열정을 고객에게 전하고 공감을 얻는다. 고객에게 맞추는 시대에서 이제는 고객이 맞춰야 하는 시대로, 가르침 마케팅의 효과는 앞으로도 더욱 늘어날 전망이다.

지금까지의 이야기를 들은 한 대기업 임원이 이런 질문을 했다.

"우리는 고객 위에 설 수 없고 하물며 반말을 쓴다는 것은 상상조차 할 수 없습니다. 그런 마케팅 방법이 우리한테도 적용될까요?"

당연히 기업은 고객을 얕보거나 거만하다는 이미지가 생기면 끝이다. '우리의 룰을 따르지 않으면 안 됩니다'라는 말을 하면 도리어 그 기업이 시장에서 퇴출당하고 말 것이다. 하지만 고객에게 '약간의 불편함(구매 욕구를 높이는 방법 8)'을 주어 기업의 메시지를 전달할 수는 있다.

예를 들면 만두나 딤섬 등을 제조하는 회사가 제품 포장봉투에 '처음 먹을 때는 아무것도 찍지 말고 드세요'라고 표기하는 경우가 그렇다. 원래는 취향에 따라 먹고 싶은 대로 먹어도 좋은 만두지만 고객에게 약간의 불편함을 주더라도 '처음의 하나만큼은 아무 맛도 더하지 않고 있는 그대로의 맛을 느꼈으면 한다. 왜냐하면 우리는 좋은 재료를 고집하기 때문'이라는 메시지를 제품에 담아 전할 수 있다.

음료 회사도 '반드시 차갑게 얼린 잔에 따라서 드세요'라고 표기한다면 '꽁꽁 얼린 차가운 잔에 담아 최고의 맛을 느꼈으면 한다. 이를 위해 치밀하게 연구 개발한 제품이기 때문'이라는 기업의 신념과 철학을 전할 수 있다.

구매 욕구를 자극하는 헝거 마케팅

관심 없던 제품에 주목하는 이유

다시 곱창집으로 돌아가자. 벽에 걸린 메뉴가 점점 빨간 팻말로 바뀌다가 드디어 모든 메뉴가 품절되었다. 마지막 주문이 끝난 저녁 9시부터는 이 가게가 손님들에게 거는 강력한 마법인 '헝거 마케팅Hunger Marketing'을 목격하게 된다.

헝거 마케팅이 무엇인지 먼저 개념을 정의해 보자.

헝거 마케팅 = 제품이나 서비스를 전혀 구할 수 없어 제품의 희소성이 높아짐
= 손님은 배고픈 상태가 되어 한층 구매 욕구가 상승함

그러면 여기서 문제를 하나 내도록 하겠다.

당신이 곱창집 주인이라면 폐점 시간에 어떻게 헝거 마케팅을 사용할까?

힌트를 주기 위해 실제로 너무 잘 팔려서 헝거 마케팅이라고 의심받은 사례를 소개한다.

2017년 코이케야에서 출시한 감자칩 '프라이드 포테이토'가 폭발적인 인기를 끌며 공급량이 판매량을 따라갈 수 없게 되었다. 코이케야는 잠시 동안 판매 중지를 선언했다. 야후 뉴스에서 이 기사를 읽었을 당시 무척 놀랐다. 왜냐하면 때마침 프라이드 포테이토를 먹던 중이었기 때문이다.

그 자리에서 바로 트위터를 검색해 보니 "이거 바로 살 수 있는데……", "정말로 판매 중지?", "헝거 마케팅하는 거 아니야?" 회사에 의심을 품은 트윗이 여기저기에 올라와 있었다. 인터넷상에는 품절에 대한 불신과 불만이 넘쳐났다.

역사적으로 가장 오랫동안 품절 상태였던 게임기로 기네스북에 오르고도 남을 닌텐도 스위치 역시 좋은 사례 중 하나다. 닌텐도는 다음의 두 가지 이유로 비난을 받았다.

첫째, '닌텐도는 DS나 Wii 때도 그랬다. 상습범이다'라는 의견이다. 그러나 제조업자라면 수요 예측이 빗나갔다는 닌텐도의 발표에 이해와 공감을 보일 것이다. 2017년 크리스마스 시즌도 결국 품절 상태인 채로 지나가 버렸기 때문이다. 회사 측에서 보면 이렇게 큰 기회 손실도 없다.

둘째, '본체를 살 수 없는데 게임 소프트 광고만 내보내는 것은 너무 심하다'라는 불만이다. 이런 불만을 보이는 게임 팬들에게 공감한다. 자신은 게임을 할 수 없는데 다른 사람이 게임하는 영상을 계속 지켜봐야 하는 고통이 오죽하겠는가. 눈앞에서 소고기 화로구이에 흑모 와규의 두툼한 상급 우설을 구워 놓고 "너는 먹지 마" 소리를 들은 것과 같다. 제정신을 유지하기가 어렵다는 말이다.

프라이드 포테이토도 닌텐도 스위치도 회사 측에서 품절된 이유를 상세히 설명해 헝거 마케팅이라는 의혹은 진정되었다. 그들은 의도적으로 생산을 멈추지 않았을 것이다. 다만 품절 상태로 인해 제품이 더욱 주목받고 많은 관심을 받은 것만은 사실이다.

품절 사과 발표는 과연 회사의 손해일까

품절은 판매 기회의 상실을 의미하므로 판매자로서는 어떻게든 피하고 싶은 상황이다. 그러나 나는 SNS의 발달로 인기 제품의 '극단적인 품귀 현상은 구매에 대한 배고픈 상태'이므로 반대로 고객의 구매 욕구를 높이는 강력한 방법이 되지 않을까 하는 점에 주목하고 있다. 왜냐하면 '배고픈 상태'에 빠진 사람들이 벌이는 소동은 SNS를 통해 점점 확산되고 그것이 다시 제품의 홍보 효과를 낳기 때문이다.

고객들의 '배고픈 상태'는 어떻게 이용할까? 인기 게임기가 출시되는 상황을 상상해 보자.

상황 1. 드디어 출시!

금세 제품이 매진되리라고 예상하는 열성 게임 팬은 어떻게 해서든 출시 당일에 제품을 구매한다. 얼마 지나지 않아 SNS에 자랑하는 글들이 올라온다. 지인의 구매 후기, 유튜버의 개봉 후기나 플레이 동영상은 보는 사람으로 하여금 구매 욕구가 샘솟게 한다. 품절이었는데 벌써 이렇게나 많은 사람이 손에 넣었다니! SNS를 통해 그러한 사실이 고객들의 눈앞에 적나라하게 드러난다.

상황 2. 구할 수가 없어!

도대체 어디 가면 살 수 있을까! 고객들은 필사적으로 탐색을 시작한다. 실제로 어느 게임 매장에서는 "지금 택배 트럭 들어왔죠? 스위치 입고됐나요?" 갑자기 이렇게 전화로 문의하는 고객도 있었다고 한다. 인터넷에서는 헝거 마케팅을 그만두라며 기업에 대한 비판적인 글들이 늘어나고, 그들의 글을 통해 스위치가 선풍적인 인기를 얻고 있다는 사실이 더욱 확산된다. 회사 측에서 보면 고객들이 '구할 수가 없어!' 소동을 벌일수록 최고의 인기 아이템이라는 광고나 뉴스를 내보내는 것과 같은 효과를 얻는다.

상황 3. 회사의 품절 사과 발표

회사가 제품이 품절인 이유와 사과 내용을 발표하면 방송 매체는 앞다퉈 최신 동향이라며 뉴스를 내보낸다. 그러면 제품의 존재를 몰랐던 사람들도 "저렇게 인기가 많다니, 나도 갖고 싶네"라고 말하며 구매 욕구가 생긴다. 희소 효과(구하기 힘든 제품일수록 가치 있다고 느낀다)가 심리적으로 작용하는 것이다.

상황 4. 드디어 샀다!

어제까지 품절이었던 제품이 갑작스럽게 대량으로 시장에 풀려 거짓말처럼 쉽게 살 수 있게 된다. 막혔던 댐이 한꺼번에 터진 것처럼 이례적인 판매량을 기록하고 그것은 또 뉴스가 된다. 무관심했던 사람들도 '저렇게 세상을 떠들썩하게 만드는 제품이라면 나도 하나 사볼까' 하며 유행을 따른다.

한정된 수량이었던 제품은 세상을 떠들썩하게 만든다. 관점을 달리하자면 고객들의 '배고픈 상태'는 판매자에게는 일거양득인 셈이다.

'사기 힘든 것'이 브랜드가 된다

'컬래버레이션(구매 욕구를 높이는 방법 9)'이라는 말이 유행하기 시작한 것은 언제부터였을까. 유명한 아티스트가 모여 히트곡을 연달아 발표하듯이 판촉업계에서도 컬래버레이션이 유행한 적이 있다. 캠페인 선물 이벤트를 아티스트와 제휴하여 컬래버레이션 모델로 내세우면 고객들의 응모 수가 비약적으로 늘어나곤 했다.

젊은 여성을 겨냥한 휴대폰 판촉을 기획하던 때의 일이다. 인기 의류 브랜드와 컬래버레이션을 계획했다. 하지만 의류 브랜드와의 협업은 장벽이 너무 높다고 알려져 있었다. 의류 브랜드는 특히 그들의 이미지를 매우 중요하게 여긴다. '응모하면 선물이 우르르 쏟아진다!' 캠페인에 이미지를 소비하기 싫다는 곳이 많았다. 그래도 두드리면 열리겠지 하는 마음으로 의류 브랜드 몇 곳과 연락을 주고받았는데, 그중 한 브랜드에서 흔쾌히 승낙해 주었다.

10대나 20대 여성이라면 누구라도 아는 아주 유명한 브랜드였다. 당연히 사전에 여러 조건은 조율하겠지만, 그래도 우리 기획을 선뜻 받아준 것이 고마워 직접 만나 사례를 해야겠다고 마음먹었다. 의류 브랜드 본사를 방문하여 회의실에서 기다리고 있었더니 본점의 점장이 들어왔다. 바로 감사의 인사를 전했다.

"이번 저희 기획에 협력해 주셔서 진심으로 감사합니다. 귀사와 같은 훌륭한 브랜드와 함께 일을 하게 될 줄은 꿈에도 몰랐습니다. 정말 영광입니다. 특히 이번 캠페인 광고용으로 빌리는 이 옷은 너무 예쁘네요. 모델인 ○○ 씨가 입을 예정인데 아마도 많은 인기를 얻을 것 같습니다."

그러자 점장은 특별한 표정의 변화 없이 "아, 그거요? 그게 마지막 한 벌이에요"라는 믿을 수 없는 대답을 했다.

"네? 잡지 광고만 해도 제품이 꽤 노출됩니다. 이 옷에 대한 문의도 빗발칠 것 같은데요. 매장에 걸어두지 않아도 괜찮을까요?"라고 하자 그녀는 대답했다.

"문제없습니다. 우리 옷은 원래 구하기가 힘들어요. 팔지 않아도 괜찮습니다."

광고를 내기 전에 재고를 충분히 확보하는 것이 유통업계의 철칙이라고 믿던 필자는 오히려 고객이 구하지 못해도 좋다는 말에 충격을 받았다. 점장에게 자세히 이유를 물어보니 그들의 브랜드를 즐겨 입는 고객들 사이에는 '잡지에 나온 옷은 이미 사기에 늦었다'는 분위기가 형성되어 있다고 한다. 본사도 이미 그러한 사실을 파악하고 일부러 소량의 제품만을 생산한다. 제품을 구하기 힘든 상태로 유지하는 일도 브랜드의 가치를 높이는 인기 비결이었던 셈이다.

점장은 이번 기획이 지하철 광고까지 대대적으로 펼친다는 소리를 듣고 그들의 옷은 사기 힘들다는 사실을 각인시킬 좋은 기회로 판단했다고 한다.

"이 옷 엄청 예쁜데 어느 매장이든 모두 품절이야!" 애를 태웠던 적은 없는가? 어쩌면 그것은 판매자가 걸어 놓은 헝거 마케팅이었는지도 모른다.

헝거 마케팅 성공하는 법

헝거 마케팅의 본질

'농가의 생활'을 다룬 뉴스 영상을 본 적이 있는가?

"풍년이 들면 채소 값이 폭락하기 때문에 남은 채소는 처분합니다."

이런 설명과 함께 농가의 트랙터로 양배추를 마구 갈아엎는 영상이 이어진다. "아휴, 시장에 채소를 운반하는 기름값도 안 나와요" 하는 농민의 어두운 얼굴을 보며 혹시 이런 생각이 들지 않았는가?

'너무 아깝다! 그냥 무료로라도 나눠주면 좋을 텐데!'

그러나 현실적으로 양배추를 무료로 나눠주면 그나마 시장에 풀린 양배추가 팔리지 않고 수입이 없어진 농민들은 생활을 유지할 수 없게 된다. 이것이 바로 수요와 공급의 균형으로 제품 가격(가치)이 결정된다는 경제의 기본 원칙이다. 제품이나 서비스를 공급하는 측은 공급량을 조절하여 가격을 조정한다.

이러한 관점에서 보면 헝거 마케팅은 일종의 공급량 조절이라고 할 수 있다. 수요량 대비 공급량을 줄여 제품의 가치를 높이기 때문이다. 제품의 가치를 최대한으로 높이기 위한 극단적인 공급량 조절 방법은 '공급량 제로', 즉 제품을 팔지 않는 것이다. 헝거 마케팅이 폭발적인 인기 제품을 만들어 내는 원리다.

헝거 마케팅은 주로 어떤 방법을 사용할까? 크게 두 가지로 나눌 수 있다.

하나는 '배고픈 상태 만들기(구매 욕구를 높이는 방법 10)'다. 이것은 기업 측에서 의도적으로 고객이 구매에 배고픔을 느끼도록 만드는 방법이다. 앞서 살펴본 의류 브랜드처럼 구할 수 없는 제품을 일부러 광고에 사용하는 이유는 고객의 심리를 노린 것이다. 살 수도 없는데 사고 싶은 마음을 부추기기 때문이다.

그뿐 아니라 공급이 수요를 따라잡지 못하는 시기에 발표하는 사과문도 결과적으로는 고객의 배고픔을 증폭시키는 역할을 한다. 이를테면 신문 광고란에 큼지막하게 실린 '지금 코코아 다이어트의 열풍으로 제품을 충분히 제공하지 못하고 있습니다. 매우 죄송합니다' 문구를 보면 사람들은 어떤 생각을 할까? '우와, 코코아 다이어트가 유행하는구나! 발견하면 사보자!' 생각하며 코코아 수요 증가에 한몫을 담당할 것이다.

다만 헝거 마케팅이 의도적인 것이라고 드러나면 사회의 큰 비난을 받는다. 제품 유통에도 큰 폐를 끼치게 되어 상당한 위험 부담도 따른다.

따라서 배고픈 상태가 의도적으로 만들어진 것인지는 시장에서 영원히 밝혀지지 않은 채로 남는 경우가 많다.

다른 하나는 '배고픈 상태 방치(구매 욕구를 높이는 방법 11)'다. 고객들의 구매에 대한 배고픈 상태를 알면서도 일부러 대처하지 않는 방법이다. 손님들이 줄을 길게 서는 인기 라면집의 2호점은 본점과 맛이 다르다는 이야기를 들어본 적이 있는가? 본점과 똑같은 면과 육수를 사용하는데 왜 2호점의 라면 맛은 다를까?

라면을 잘 아는 지인에게 물어보니 조리 기구나 공기 조절과 같은 아주 미세한 차이에도 맛이 달라진다고 한다. 그런 요인도 있겠지만 나는 그것이 주된 이유라고 생각하지 않는다. 지점 수를 늘린 결과, 줄을 서지 않고도 먹을 수 있게 되었다. 이것이야말로 맛이 떨어졌다고 느끼는 진짜 원인이 아닐까.

사실 사람의 미각만큼 부정확한 것도 없다. 줄을 서는 행위 자체가 최고의 양념이라는 것은 뇌과학에서도 이미 증명되었다. 똑같은 맛이어도 10분보다는 1시간 줄을 선 사람이 더 맛있다고 느낀다. 따라서 수요량이 증가했다고 간단히 공급량만 늘리는 것은 그다지 좋은 대책이 아니다.

세계 최고라고 믿어 의심치 않는 시부야의 어느 고깃집은 절대로 지점을 내지 않는다. 일부러 헝거 마케팅을 하는 것은 아니다. 똑같은 고기와 양념을 써도 고기를 자르는 주인의 손맛을 다른 사람이 완벽하게 흉내낼 수 없기 때문이라고 한다.

잘되는 곳에는 그럴 만한 숨은 마케팅이 있다

그래도 나는 줄을 서서 기다리며 이런 생각을 해 본 적이 있다.

'이 고깃집이 규동 가게처럼 체인점이 많이 생기고, 전철역 앞에서 언제든지 먹을 수 있게 된다면 그때도 맛있다고 느끼게 될까?'

헝거 마케팅의 성립 조건

내가 제조사나 유통업자라면 구매 욕구를 높이는 헝거 마케팅을 활용하여 고객을 배고프게 만들고 어떻게든 제품을 팔아 보려는 유혹에 빠질 것 같다. 하지만 이것은 언제나 적용할 수 있는 방법이 아니다. 여러 사례를 분석하다 보니 헝거 마케팅이 성립하는 조건이 따로 있다는 사실을 알게 되었다.

조건 1. 다른 것으로 대체할 수 없다

'먹는 라유'는 《닛케이 트렌디》가 선정한 '2010년 히트 제품 베스트 30'에서 당당히 1위를 차지했다. 매운 것을 좋아하는 나는 당시 라유를 사려고 여러 슈퍼마켓을 돌아다녔지만 원조인 모모야의 제품을 찾을 수가 없었다. 그래서 모모야 대신 매장에 진열되어 있던 다른 회사의 라유를 사먹었다. 모모야의 라유가 겨우 손에 들어올 즈음에는 이미 라유 열풍이 잦아들었다. 이처럼 다른 제품으로 배고픔을 채울 수 있다면 헝거 마케팅은 성립하지 않는다.

조건 2. 브랜드파워가 있어야 한다

헝거 마케팅은 고객이 손에 넣을 수 없는 순간에 느끼는 결핍감이 강하면 강할수록 효과가 높아진다. 이러한 결핍감은 그 제품의 강력한 브랜드파워가 없으면 생기지 않는다. 예를 들어 아이스크림 '가리가리군(아카기유업에서 만든 아이스크림의 대표 상표명-옮긴이) 콘 포타주 맛'은 매장에 들어오면 바로 매진되어 엄청난 화제를 불러일으켰다. 하지만 그 아이스크림이 만약 이름도 없는 제조사가 만든 조금 색다른 맛이었다면, 그래도 사람들이 과연 결핍감을 느꼈을까? 누구나 아는 가리가리군의 콘 포타주 맛이기 때문에 패닉 상태가 될 정도로 배고픈 상태가 발생했던 것이다.

곱창집의 팔리는 패턴

잘되는 곱창집은 모든 음식이 다 팔린 후에 손님에게 어떻게 마법을 걸까?

가게는 사람이 많이 지나다니는 곳에 위치하고 있다. 그래서 재료가 다 떨어졌는데도 손님들이 계속 들어온다. 점원은 매번 "죄송해요. 오늘은 벌써 재료가 다 떨어져서……" 하고 거절한다. 그러면 손님은 "에이, 먹고 싶었는데!" 입을 삐죽 내밀고 아쉬운 듯이 돌아간다.

나는 남은 꼬치를 먹으면서 계속 상황을 지켜보았다.

계속해서 손님이 들어온다 → 품절이라 거절한다

이런 똑같은 패턴이 몇 번이나 반복되었다. 아무래도 이상하다 싶었는데 문득 가게 앞을 내다보고 그 이유를 알게 되었다.

가게 앞에는 빨간 초롱불이 계속 걸려 있었다.

'빨간 초롱불 = 영업 중이라는 사인', 이것은 일본 전국의 음식점에서 사용하는 공통적인 규칙이다. 빨간 초롱불이 켜져 있으니 지나가던 손님은 당연히 '아직 영업하는구나?' 생각하며 가게에 들어온다. 쉴 새 없이 바쁜 점원이 불 끄는 일을 잊어버렸다고 생각한 나는 가게를 정리하는 점원을 향해 이렇게 말했다.

"밖에 빨간 초롱불이 켜져 있어요(그래서 손님이 계속 들어오는 거예요)."

그러자 자주 있는 일인지 점원은 살짝 짜증 난 얼굴로 "괜찮아요, 괜찮아!" 하고는 묵묵히 문 닫을 준비를 했다.

그 후에도 점원은 불이 켜진 것을 보고 들어오는 손님에게 "죄송해요, 오늘은 끝났어요"라고 말하며 거절하는 일을 반복했다. 그제야 퍼뜩 깨달았다.

'아, 이게 바로 그거구나⋯⋯!'

곱창집은 초롱불을 끄지 않고 일부러 손님을 가게 안으로 불러들였던 것이다. 그리고 다음과 같은 대화 패턴으로 이끌어간다.

"두 명인데 자리 있어요?"

"죄송해요, 오늘은 벌써 재료가 다 떨어져서……."

"에이, 아쉬워라! 그럼 다음에 올게요."

이 대화에 빠진 손님은 십중팔구 이렇게 느낄 것이다.

'이 가게는 정말 인기가 많구나!'

'오늘은 아슬아슬한 차이로 늦어 못 먹었다!'

'좋아, 다음엔 조금 더 빨리 와서 꼭 먹어야지!'

정말로 곱창집에 눈이 내리는 순간이다.

빨간 초롱불을 일부러 켜 두고 들어온 손님에게는 아쉬움을 체험하게 만들었다. 그뿐 아니라 이 가게의 인기가 높다는 사실을 알리고 '다음엔 꼭 이 집에서 먹고 싶다!'는 욕구를 자극하여 다시 찾아오도록 만들었다. 실로 대단한 전략이다.

필자는 '아하, 그런 거였어!' 하고 감탄하며 점원의 모습을 지켜보았다. 그러자 점원은 필자의 표정을 읽고 무언가를 눈치 챈 듯 "아니, 그게 음료라도 마시겠다는 손님도 가끔 와서……" 하며 궁색한 변명을 늘어놓았다.

'나한테 딱 걸렸어요(웃음).'

제품이 가득할 때도 헝거 마케팅

유통업 관련 연구 모임에서 헝거 마케팅의 위력을 설명하던 중에 무척 흥미로운 질문을 받았다.

"헝거 마케팅이 무척 매력적이라는 것은 잘 알겠습니다. 하지만 제품을 진열하지 않으면 판매할 수 없지 않습니까? 제품이 가득 쌓여 있는 상황에서 고객의 배고픔을 유도하는 것은 무리 아닐까요?"

맞다. 하지만 나는 제품에 어떤 메시지를 담아 배고픔의 유사 상태를 만드는 일이 가능하다고 대답했다.

여기서 문제를 풀어보자.

W O R K

산더미처럼 쌓여 있는 제품에 단 한 줄의 메시지를 써서 붙였더니 금세 매출이 크게 뛰어올랐다. 그 메시지는 무엇이었을까?

슈퍼마켓이나 드러그스토어와 같은 유통업 매장의 품절로 인한 '결품'은 수익에 커다란 기회 손실로 이어진다. 헝거 마케팅으로 그 제품이 알려지고 구매를 원하는 사람이 늘어도 실제로 제품을 팔아서 돈으로 바꿀 수 없다면 아무런 의미가 없다.

사실 헝거 마케팅은 중장기적 관점에서 접근해야 한다. 하루, 일주일, 한 달처럼 단기 매출을 관리하는 유통업계에서는 지금 품절인 제품이 미래에 몇 배의 수익을 안겨줄 것이라는 전망을 세우기가 어렵다. 더구나 앞에서 살펴본 것처럼 헝거 마케팅의 성립 조건은 다른 대체재가 없어야 한다. 지금 우리 가게에는 없지만 다른 가게에서 살 수 있다면 구매에 배고픈 상태가 성립하지 않는다.

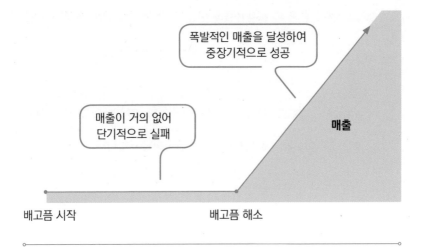

폭발적인 매출을 달성하여
중장기적으로 성공

매출이 거의 없어
단기적으로 실패

매출

배고픔 시작   배고픔 해소

산더미처럼 쌓여 있는 제품에 붙인 '단 한 줄의 메시지'는 무엇이었을
까? 나는 이렇게 썼다.

"재입고되었습니다."

메시지를 본 고객들은 이런 상상을 할 것이다.

'인기가 많아서 이전에 매진되었던 제품이구나.'

'사고 싶어도 못 사는 상태가 오랫동안 계속되었던 것이 틀림없어.'

'재입고된 타이밍에 딱 맞춰 지금 이 자리에 있다니 완전 행운이다.'

'또 매진되기 전에 얼른 사 둬야지!'

이처럼 재입고라는 키워드는 지금 막 이 제품이 고객들의 배고픔에서
해소되었다고 느끼게 한다. 고객은 이전에 매진되었던 인기 제품이라고
상상하며 재고가 있을 때 사 두는 편이 현명하다고 판단할 것이다.

'재입고 멘트(구매 욕구를 높이는 방법 12)'는 이미 많이 알려진 기술이다. 누구나 한 번 정도는 들어보았을 판매자의 다음과 같은 멘트를 소개한다.

"이 오븐으로 말씀드리자면 지난번에 방송을 시작하자마자 여러분들의 뜨거운 반응으로 정말 순식간에 완판이 된 제품입니다.

정말 죄송합니다! 오래 기다리셨어요. 훌륭한 성능의 제품을 이처럼 저렴한 가격에 전해드리고 있으니 처음부터 폭발적인 인기는 예상했습니다만, 그렇게 주문이 빗발치리라고는 생각지도 못했습니다. 여러분께도 많은 폐를 끼쳐드리고 말았네요.

그래서 이번에 저희 프로그램 담당자가 간신히 제품을 구했습니다! 다시 한 번 제조사와 협상해서 마침내 200대를 추가로 확보했습니다. 이렇게 좋은 조건으로 여러분께 소개해드리는 일은 분명 이번이 마지막일 겁니다."

스토리는 널리 퍼져 나간다

생활용품을 제조, 판매하는 회사인 라이온에서 근무 하던 때의 일이다. 료고쿠에 위치한 라이온 본사의 로비에서 덴쓰의 영업 직원들과 잡담을 나누고 있었다. 로비에는 라이온의 다양한 제품이 전시되어 있어 자연스레 구강 케어 제품 이야기로 흘러갔다.

"혼마 씨는 구강청결제 써?"

"네, 써요. 다만 여기서 말하긴 좀 그렇지만 다른 회사의 ○○이요(귓속말)."

"그렇구나. 뭐 상관없긴 한데. 나는 시스테마를 써."

광고 회사 직원들은 때때로 자신이 담당한 제품에 엄청난 애정을 보일 때가 있다. 홍보를 위해 제품의 우수한 점을 숙지하고 나서 열광적인 팬이 되는 것이다.

"일 때문에 알게 된 사실이긴 한데, 라이온의 살균 기술은 아주 훌륭해. 세계 최고지. 그 기술의 결정체라고 할 만한 제품이 바로 시스테마야. 이건 어디서든 자신 있게 말할 수 있어. 하지만 좀처럼 광고에서 말하기는 어렵고. 시스테마를 한 번 써 봐. 확실한 차이를 실감할 수 있을 테니까."

가오나 선스타와 같은 회사에서 만든 유사한 성능의 제품도 시중에는 많이 나와 있다. 하지만 필자는 집으로 돌아오는 길에 드러그스토어에 들러 구강청결

제뿐 아니라 치약에서 칫솔까지 모든 구강 제품을 시스테마로 사서 바꾸었다. 시스테마는 기대를 배반하지 않았다. 자기 전에 사용하면 아침에도 입안의 개운함이 남아 있었다. 영업 직원이 설명한 대로 살균 기술을 직접 체감할 수 있었다. 그 후로도 몇 년 동안 충치나 치주염과 같은 트러블은 전혀 없었다. 계속 사용하면 사용할수록 시스테마의 우수성이 증명되었다.

그 후로 필자는 여러 회의나 회식, 모임 등 다양한 곳에서 시스테마로 브랜드를 갈아탄 이야기를 하고 다녔다. 그랬더니 주위에서 재미있는 변화가 일어나기 시작했다.

"당신한테 시스테마 이야기를 들은 후로는 쭉 시스테마만 써요."

주변 사람들이 하나둘 시스테마를 사용하게 된 것이다. 더구나 그중의 몇몇은 사용감이 너무 좋다며 친구에게 소개까지 했다고 한다. 나는 시스테마의 구체적인 스펙이나 성능은 하나도 전달하지 않았다. 그런데 왜 모두 시스테마를 사용하기 시작했을까?

스토리텔링이라는 기법이 있다. 전하고 싶은 생각이나 콘셉트와 연관 있는 인상 깊은 경험담이나 에피소드를 인용하여 듣는 사람에게 강한 이미지를 남기는 기법이다. 시스테마에 관한 나의 이야기는 일종의 스토리텔링이 되었는지도 모른다. 그렇다면 이야기의 어디가 인상적이었을까?

덴쓰의 영업 팀장이 좋다고 말했다. 광고에서 말하기는 어렵다(정보원).

→ 덴쓰의 영업 사원이라면 내부 사정을 알고 있을 것이다. 확실한 것 같다.

라이온의 살균 기술은 세계 최고다. 그 결정체는 시스테마(의외성).

→ 광고에 자주 나오는 아주 평범한 브랜드인데 정말 그렇게 대단한가…….

브랜드를 갈아탔다. 계속 사용하고 있다(경험담).

→ 그렇게 주장하는 것을 보면 진짜 좋은 제품인가 보다.

전도라는 단어는 인류 역사상 최고의 베스트셀러인 성경책을 연상시킨다. 성경책에 담긴 교훈은 많은 사람이 잘 알고 있겠지만 스토리를 중심으로 이야기가 전개된다. 성경책은 스토리텔링이기 때문에 지금까지 많은 사람에게 읽히고 기독교 포교에도 크게 공헌했는지 모른다.

당신은 이 칼럼을 읽고 시스테마에 흥미가 생겼는가?

Marketing

사게
만드는
법칙

제3장

팔리는 패턴이 있다

안 팔리는 이유,
고객의 눈으로 보지 않기 때문이다

강매라는 생각이 들지 않는 대화 기술

"디지털카메라 상태가 안 좋아. 이번 여행 전에 새로운 걸 샀으면 해."

어머니가 갑자기 전화로 이렇게 말했다. 그런데 어머니는 디지털 제품 사용에 무척 서툴다.

- 아직도 예약 녹화 방법을 모른다.
- 디지털카메라의 SD카드가 가득 차서 새로운 카드를 또 한 장 사왔다.
- 버튼 클릭이 너무 느려 기기가 인식하지 못한다.

제품의 활용 능력이 떨어져 이런 에피소드를 탄생시키고 있다. 당연히 어머니는 새로운 카메라를 쉽게 고르지 못할 것이다. 그래서 아들인 내가 구매를 대행하기로 했다.

퇴근길에 가전 매장에 들렀다. 1만~2만 엔 수준의 콤팩트한 디지털카메라 코너에는 여러 회사의 최신 모델들이 한자리에 진열되어 있었다.

'카메라를 산다면 역시 카메라 제조사 제품이 좋겠지.'

일안 반사식 카메라로 유명한 레프사의 제품을 손에 들고 있었더니 한 직원이 말을 걸어 왔다.

"그것 ○○ ○○○ ○○."

그가 건넨 첫마디 말을 듣자마자 '아, 뛰어난 영업자가 왔구나' 하고 직감적으로 알아차렸다.

W O R K ───

직원이 건넨 첫마디는 과연 무엇일까?

지금까지 다양한 업종에서 근무하는 판매 직원들의 접객 스타일을 분석해왔다. 높은 실적을 올리는 직원들에게는 공통된 법칙이 있다. 나에게 말을 걸어 온 직원의 그 한마디도 업종을 불문하고 제품을 고르는 고객에게 말을 걸 때 우수한 직원들이 자주 사용하는 표현이다.

"그 제품을 가장 추천합니다" 또는 "이 제품이 지금 제일 잘나가요"와 같은 말이 있다. 판매 직원들이 사용하는 흔한 말이어서 들어본 적이 있을 것이다. 하지만 이러한 표현은 고객에게 처음 말을 걸 때는 그다지 적절하지 않다. 고객이 신뢰하기 어려운 '영업용 멘트'로 분류되기 때문이다.

제품을 구매하는 고객이 가장 경계하는 것이 자신도 모르게 강매를 당해질이 떨어지는 제품을 떠안는 일이다. 그래서 '지금 사지 않으면 다음엔 언제 입고될지 모릅니다' 또는 '오늘이 세일의 마지막 날입니다' 같은 영업용 멘트를 싫어한다.

영업용 멘트와 달리 고객이 전혀 경계심을 느끼지 않는 '구매용 멘트(구매 욕구를 높이는 방법 13)'를 써야 한다. 구매용 멘트란 고객이 쇼핑하며 머릿속에 떠올리는 생각을 표현한 말이다. 사람은 자기와 같은 생각을 하는 사람에게 친근감을 느끼기 쉽다. 구매자의 생각을 눈치 챘다면 그것을 말하는 것만으로도 구매용 멘트가 된다.

내게 말을 건 직원의 한마디는 바로 그러한 구매용 멘트였다. 그렇다면 판매자는 어떤 구매용 멘트를 쓸까? 디지털카메라 매장의 직원은 제품을 살펴보는 내게 가까이 다가와 이렇게 말을 걸었다.

"그것 진짜 마음에 들죠."

어떤 느낌이 드는가? 도대체 어느 부분이 구매용 멘트인지 모르겠다는 사람도 있을 것이다. 하지만 불과 아홉 글자의 이 짧은 말에는 큰 의미가 담겨 있다. 먼저 '그것 진짜 마음에 들죠'라는 말은 상대에게 공감을 나타내는 표현이다. 그리고 다음과 같은 메시지를 함축하고 있다.

'당신이 그 카메라를 마음에 들어 하는 건 너무나도 당연해요. 왜냐하면 내가 만약 고른다고 해도 당신처럼 그것을 선택할 거예요.'

다시 말해 "그것 진짜 마음에 들죠"라는 말은 고객의 눈높이에 맞춘 표현이다. 판매자가 쓰면 좋은 구매용 멘트의 사례를 조금 더 살펴보자.

조금 큰 가방을 살펴보는 사람이 있다면,

"그 정도의 크기가 여러 용도로 사용하기에 편리하죠."

안주를 고르는 사람의 장바구니에 레드 와인이 들어있다면,

"그건 레드 와인과 아주 잘 맞아요."

고객의 머릿속에 맴돌고 있는 말을 예측하고 그것에 공감을 나타내면 구매용 멘트가 완성된다. 그런데 만약 구매용 멘트가 고객의 생각과 다르면 어떻게 될까? 그래도 괜찮다. 고객은 손님 눈높이에 맞추어 이야기하려고 노력하는 직원에게 호감을 느낀다.

고객과 눈높이를 맞춘 구매용 멘트

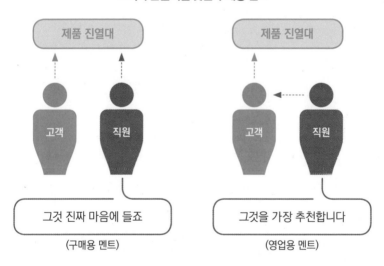

카메라 매장 직원이 고객의 눈높이에 맞추고 있는 것은 언어 표현뿐만이 아니다. 얼굴이나 몸의 방향까지도 같은 곳을 향하고 있다. 앞의 그림을 보면 쉽게 이해할 수 있을 것이다.

심리학에서는 같은 방향을 바라보거나 옆에 나란히 앉아 있는 사람에게 신뢰감과 호의를 느끼기 쉽다고 한다. 영화 속에 등장하는 바람둥이들이 여자를 유혹할 때 테이블에 마주 앉지 않고 나란히 앉고 싶어 하는 이유도 그 때문이다. 우수한 판매 직원은 고객의 눈높이에 맞춰 적절한 표현을 쓰고 고객과 같은 방향을 향해 서서 동일한 관점을 유지한다. 이를 통해 고객에게 안심을 주고 신뢰를 얻을 수 있다.

'눈높이를 맞춘 관점(구매 욕구를 높이는 방법 14)'은 영업자라면 당연히 몸에 익혀야 하는 기술이다. 고객은 자신과 같은 눈높이에서 함께 제품을 골라주는 판매자를 원한다.

고객과 같은 눈높이를 유지하라

'사토 카메라'는 동일한 눈높이의 고객 접대로 성공한 회사다. 이곳은 정중하게 고객을 대하는 것으로 유명한데 보통 한 고객당 1시간은 기본이며 어느 때는 5시간이 걸릴 때도 있다.

직접 사토 카메라 매장을 조사하러 나갔다가 감동적인 장면을 마주했다. 할머니와 직원이 나란히 소파에 앉아 할머니의 카메라에 담긴 사진 중에 어느 것을 현상할지 함께 고르고 있었다.

"이 사람이 손자예요?"

"사진 속 웃는 얼굴이 정말 예쁘게 찍혔네요."

사토 카메라의 사토 가츠히토 전무는 〈닛케이 비즈니스〉 기사를 통해 그들의 의도를 다음과 같이 설명한다.

"함께 사진을 고르다 보면 고객의 성향을 잘 이해할 수 있습니다. 어떤 사진을 좋아하는지, 그 고객은 일상 속에서 언제 촬영을 하는지, 그런 것들을 미리 파악해 두면 다음에 어떤 제품을 추천해야 고객이 기뻐할지 알 수 있으니까요."

고객 우선주의를 주장하는 회사는 많지만 사토 카메라처럼 고객과 같은 눈높이에서 진정한 고객 우선주의를 실천하는 회사는 드물다.

사회에 첫발을 내디딘 작은 광고회사에서 근무할 때의 일이다. 외국계 회사에서 영어 교재를 소개하는 비디오를 다시 제작하고 싶다는 의뢰가 들어왔다. 결정권을 쥐고 있는 지사장이 미국인이어서 프레젠테이션은 모두 영어로 하도록 지시를 받았다.

우리와 경쟁할 상대는 유명한 대형 광고회사들뿐이었다. 우리 회사는 시작도 전에 기가 죽어 패전 분위기가 감돌았다. 이때 나는 기묘한 대안을 제시했다. 영어 교재의 핵심 타깃과 같은 연령인 당시 20대였던 내가 직접 이 회사 비디오 내용의 어디가 문제인지를 먼저 지적하고 개선 방향을 설득력 있게 끌어내자는 작전이었다. 나는 뚝뚝 끊어지는 서툰 영어로 이렇게 발표했다.

"현재 귀사의 비디오 내용은 여러 문제가 있습니다. 우리는 중학생 때부터 대학생 때까지 10년 동안이나 영어를 배우기 때문에 읽고 쓰는 것은 나름대로 자신이 있습니다. 중점을 두어야 할 부분은 듣기와 말하기입니다."

며칠이 지나 비디오 제작처로 우리 회사가 선택 받았다는 연락을 받았다. 믿지 못할 승리에 사내가 들끓었다. 훗날 답례를 하러 찾아갔던 영업 직원에게 왜 우리 회사를 선택했는지 이유를 물었더니 미국인 지사장이 이렇게 말했다고 한다.

"이번 기획은 영어를 전혀 못하는 사람에게 맡기고 싶었는데 그가 최고였다."

영어 교재의 고객은 영어 때문에 고생하는 사람이다. 발표자의 영어 실력이 대상층과 동일한 수준으로 받아들여졌던 것이다.

커스터머 저니의 중요성

어느 회사의 마케팅 담당자가 이런 말을 한 적이 있다.

"우리 회사 제품을 산 사람이 왜 우리를 골랐는지 그 이유는 대략 짐작할 수 있습니다. 진짜로 궁금한 것은 우리 회사 제품과 비교한 후 최종적으로 다른 회사 제품을 선택한 사람의 구매 행동이죠. 도대체 어디서 무슨 일이 있었기에 다른 회사를 선택했는지, 우리 제품을 사지 않은 이유가 무엇인지 정말 알고 싶어요."

최근 '커스터머 저니Customer Journey'를 활용하는 기업들이 증가하고 있다. 커스터머 저니란 고객의 제품 구매 과정을 의미하는 것으로 제품을 처음 만나서 구매하기까지 어떤 접점을 통해 어떤 정보와 접촉하고, 어떤 기분이 들었는지를 '여행'에 빗대어 시계열로 나타내는 기법이다. 회사는 고객 정보를 가지고 있기 때문에 자사 제품을 고른 사람의 커스터머 저니를 그리기는 쉽다. 알기 어려운 부분은 타사의 제품을 고른 사람의 커스터머 저니다. 객관성을 확보하기 위해서는 오히려 후자의 정보가 훨씬 더 중요하다.

조심스럽게 이야기하면 정량 조사 결과만으로 작성한 커스터머 저니는 무미건조한 내용이 되기 쉽다. 자사 고객이든 타사 고객이든 한 사람 한 사람의 세심한 의견을 듣고 생생한 커스터머 저니를 파악해 둘 필요가 있다. 사실 평균치를 기준으로 작성한 커스터머 저니는 향후 대책을 세우는 데 아무런 도움도 되지 않는다.

예를 들어 한 남성이 스마트폰을 구매하는 실제 과정을 정리한 커스터머 저니가 다음과 같다고 하자.

→ 아이폰을 길에서 떨어뜨린 뒤 화면 깨짐이 더욱 심해져 기종 변경을 검토함

→ 전철 안에서 신형 아이폰을 사용하는 사람을 보니 아주 괜찮은 듯 보임

→ 유튜버의 신형 아이폰 리뷰 동영상을 몇 개 찾아봄

→ 매장에 전시된 제품을 살피니 마음에 들어 기종을 변경하기로 함

→ 가전 매장의 포인트를 사용할 수 있어 휴대폰을 사러 매장으로 감

→ 요금제 견적을 내보고 매달 나가는 비싼 요금이 걱정되어 일단 사지 않고 나옴

→ 알뜰폰 유심 TV 광고를 보다가 매월 요금이 저렴한 것을 확인하고 '이걸로 할까?' 생각이 들기 시작함

→ 알뜰폰 유심을 쓰지 않는 사람은 정보에 약하다는 블로그 내용을 읽음

→ 다시 가전 매장을 찾아감. 처음부터 유심 프리 단말기를 구매하면 된다는 사실을 알게 됨

→ 알뜰폰 유심을 인터넷으로 계약하고 단말기는 애플 스토어에서 구매함

→ SNS에 휴대폰 구매 후기를 업로드함

이 남성의 휴대폰 구매 동기는 아이폰을 떨어뜨려 화면 깨짐이 심해진 것이다. 만약 이 커스터머 저니를 본 마케터가 아이폰을 사용하며 화면 깨짐을 경험한 적이 있다면 구매 동기에서 바로 특이점을 찾아낼 것이다. 그가 오랫동안 화면이 깨진 것을 참고 아이폰을 계속 사용해 왔다는 사실을 쉽게 알아차릴 수 있기 때문이다.

스마트폰 중에는 화면에 조금이라도 금이 가면 조작할 수 없는 기종이 있고 화면이 깨져도 그대로 사용할 수 있는 기종이 있다. 아이폰은 후자다. 또한 이 남성의 커스터머 저니를 보고 '화면이 깨진 아이폰 이용자는 기종 변경을 먼저 고민한다'는 가설을 세울 수도 있다.

그래서 아이폰 이용자를 늘리기 위한 기획을 제안할 때, '화면이 깨진 아이폰 이용자를 우대하는 기종 변경 캠페인' 아이디어를 떠올릴 수 있다.

하지만 프로젝트에 참여한 기획자나 마케터가 모두 안드로이드 계열의 스마트폰을 쓰고 화면이 깨진 아이폰을 사용한 경험이 없다면 어떨까. 이런 아이디어를 쉽게 떠올리기는 어려울 것이다.

고객의 시선으로 보는 제삼자 마케팅

어느 휴대폰 회사에서는 모든 사원이 자사 스마트폰을 사용하고 있다. 그들은 왜 모두 자사 제품을 사용하는 것일까? 유용성이나 편리함을 확인하기 위해서라고 하지만 사실은 자사 제품을 공짜나 다름없이 사용할 수 있기 때문이 아닐까.

아트 디렉터인 사토 가시와 씨는 저서 《사토 가시와의 협상》에서 이렇게 말한다.

"마케팅의 의미는 고객에게 가까이 다가간다는 뜻이다. 이용자의 감각으로 고객을 만나고 그 인상을 확실히 기억해 두어야 한다. 마케터는 마케팅을 하면 할수록 이용자의 기분을 잊어버리기 쉽다. '타사 고객의 마음', '1엔이라도 싸게 사고 싶어 하는 사람의 마음'을 가진 이들의 생생한 커스터머 저니를 직원 할인으로 제품을 사는 사람이 이해하기는 어렵다."

내가 휴대폰 회사의 간부라면 사원에게 공짜로 제품을 지급하는 제도를 없애고 일반 이용자와 똑같은 조건으로 휴대폰을 선택하게 할 것이다. 그리고 계약을 맺은 광고 회사에도 이렇게 전할 것이다.

"슈이치 씨는 저희와 일을 하며 일부러 저희 제품을 쓰시겠지만 다른 회사 제품을 사용해도 좋습니다. 오히려 그것을 더 환영합니다. 가능하시면 왜 타사 제품을, 어떤 경위로 선택하셨는지 자세히 알려 주십시오."

슈퍼마켓의 맥주 판매 코너에 가면 맥주 포장지 옆에 주방용품이 붙어 있을 때가 있다. 이것은 아마도 맥주를 사는 사람이 요리를 하는 사람이라고 가정했기 때문일 것이다. 어느 제품이든 이용자와 구매자가 있기 마련이지만, 그 맥주 회사에서는 '맥주를 마시고 싶게 만드는 TV 광고는 이용자인 남성이 대상, 맥주를 사고 싶게 만드는 매장 판촉은 구매자인 여성이 대상'이라는 판단을 내렸는지도 모르겠다.

그렇다면 맥주라는 제품 자체는 이용자와 구매자 중 어느 쪽에 맞추어 개발해야 할까. 당연히 이용자다. 이용자는 만족을 얻으면 "슈퍼에 가면 그 맥주 좀 사다 줘" 하며 구매자에게 부탁할 것이라고 쉽게 상상할 수 있기 때문이다.

갓난아이의 우유병을 떠올려 보자. 구매자는 어머니지만 이용자는 아기다. 아기는 우유병이 만족스럽다는 의견을 어머니에게 어떻게 전할까.

"이 우유병 좋아, 이제 엄마 젖이 아니어도 괜찮아!"라고 말할 수는 없지만, 활짝 웃는 얼굴로 품질 평가를 할 것이 분명하다.

아기용품 전문업체 피죤의 사장은 아기의 우유병 만족도를 높이는 일에 많은 힘을 쏟았다. 아기는 엄마의 젖을 빤다는 마음으로 우유병을 입에 문다. 최고의 우유병은 어머니의 젖꼭지와 가장 비슷한 우유병일 것이다.

그래서 사장은 무려 6년 동안 출산 경험이 있는 여성 약 1,000명을 대상으로 모유 수유 경험을 조사하며 우유병을 개선했다. 이것도 아기와 비슷한 감각을 유지해 제품을 만들기 위한 과정이었다.

뛰어난 마케터는
경쟁사의 제품을 극찬한다

타사 제품을 칭찬하는 반전의 마케팅

디지털카메라를 사러 간 매장의 직원이 카메라의 용도를 자세히 물었다.

"사실 카메라 조작에 익숙하지 않은 어머니가 쓰실 제품을 대신 고르는 중입니다"라고 대답하자 직원은 잠시 심사숙고하는 눈치였다.

"네, 그렇군요. 그렇다면 조금 문제가…… 사실 이 레프사 제품은 초심자가 쓰기엔 그다지 사용감이 좋지 않은 사양이라 어머님께 맞을지 어떨지. 가격은 5,000엔 정도 비싼 이쪽의 소형 디지털카메라 중에 인기가 높은 디지사 제품은 초심자가 다루기에도 편리하고 화질도 레프사와 동등한 수준입니다."

고객을 응대하는 기술 중에 '칭찬의 역공(구매 욕구를 높이는 방법 15)' 전략이 있다.

칭찬의 역공은 자동차 딜러들이 자주 사용하는 전략이다. A라는 자동차를 팔고 싶은 딜러가 있다고 하자. 그곳에 경쟁사의 자동차 B를 보기 위한 고객이 찾아온다. 이런 상황에서 B를 부정하고 A의 우수한 점만을 열심히 내세우면 도리어 역효과가 난다. 너무 강압적으로 A를 사라고 밀어붙이는 느낌을 받으면 고객은 뒷걸음치기 때문이다.

칭찬의 역공 전략은 고객이 좋다고 생각하는 브랜드인 B를 먼저 칭찬하는 전략이다.

"안목이 좋으시네요. B는 정말 좋은 차입니다."

B의 칭찬은 B를 후보로 생각하는 고객의 선택을 칭찬하는 일로 이어진다. 고객의 기분이 좋아지게 만들며 B가 좋다고 생각하는 이유나 어떤 용도로 사용할 예정인지 등과 같은 상세한 정보를 알아낸다. 그 후 기회를 엿보다 A의 이야기를 꺼낸다.

"B는 추천할 만합니다. 다만 고객님의 용도나 취향 등을 고려하면 A도 좋은 후보가 될 듯합니다. 왜냐하면 A는 이러이러한 점에서 B보다 우수하고……"

우선 경쟁사를 칭찬해 두고 기회를 잡아 자사 제품의 좋은 점을 어필하여 경쟁사를 역공하는 작전, 이것이 바로 칭찬의 역공법이다.

'역시, 나에게도 칭찬의 역공법을 쓰는군.'

처음에는 "그것 진짜 마음에 들죠"라는 말로 공감을 나타내며 손에 들고 있던 레프사를 극찬한다. 그 후 내 이야기를 끌어내어 기회를 잡고는 디지사로 화제를 돌린다.

'방심하면 안 되겠어. 그렇다면 이 사람은 디지사에서 파견 나온 직원인가?'

이런 생각을 하며 계속 진열대만 쳐다보고 있던 시선을 천천히 직원 쪽으로 돌렸다. 그러고는 눈을 의심하지 않을 수 없었다. 믿을 수 없는 일이 일어났기 때문이다.

자, 그러면 여기서 문제다.

판매 직원을 보고 깜짝 놀란 이유는 무엇일까?

처음에 "그것 진짜 마음에 들죠" 말을 걸어 온 사람이 가전 매장의 직원이라고 생각했다. 여러 회사에서 나온 디지털카메라를 객관적인 눈으로 보고 그것이 좋다고 자신 있게 추천하는 것처럼 느껴졌기 때문이다. 그런데 추천 제품을 레프사에서 디지사로 바꾸는 흐름이 너무나도 매끄러워 아마도 이 직원은 매장 직원이 아니라 디지사의 파견 사원이겠다는 생각이 들었다.

가전 매장의 파견 사원은 제조사 직원이지만 자사 제품의 판매를 높이기 위해 일시적으로 매장에 나와서 근무하는 사람을 말한다. 매장에 진열하는 제품의 판매를 확대하려는 회사에서 주로 직원을 파견해 자사 제품의 홍보는 물론 매장의 매출을 높이는 일에도 공헌하고 있다. 겉으로는 공평하게 손님을 맞이하지만 궁극적으로는 자사 제품을 적극적으로 권장할 것이다.

그렇기에 디지사에서 파견 나온 직원이 레프사 제품을 살펴보는 나에게 다가와 칭찬의 역공법을 쓰며 자사의 제품을 고르도록 유도하는 것이 틀림없다고 생각했다.

파견 사원은 자사 제품의 지식은 물론 경쟁사의 제품도 자세히 알고 있어야 한다. 하지만 기본적으로는 자사 제품을 추천하는 역할을 맡고 있어 중립성이라는 측면에서 보면 조금 애매한 구석이 있다. 그래서 어느 브랜드를 선택해야 좋을지 조언이 필요할 때는 가전 매장 직원의 말을 신뢰하는 사람이 많을 것이다.

그런데 나에게 말을 건 직원은 예상과 달리 디지사의 직원이 아니었다. 물론 가전 매장의 직원도 아니었다. 그동안 다양한 업종의 고객 응대 매뉴얼을 분석했지만 이러한 패턴을 본 것은 처음이었다. 그는 백색 가전으로 유명한 시로사의 유니폼을 입고 있었다. 그는 시로사에서 파견 나온 직원이었다.

짧은 시간 안에 고객의 신뢰를 얻는 방법

가전 매장의 직원도 디지사의 파견 사원도 아닌 완전히 다른 회사의 직원이 디지사의 제품을 추천한 것이다. 아무 말 없이 그를 쳐다보자 그는 금세 필자의 마음을 알아차렸다.

"아, 저요? 디지사 직원은 아닙니다. 시로사에서 나왔어요. 그야 뭐, 회사에서는 이런 상황에서 당연히 우리 회사 카메라를 팔라고 하겠죠(웃음)."

그 순간부터 그의 말에 완전한 신뢰감을 느꼈다. 가전 매장에 눈이 내리는 순간이다.

"디지사의 카메라가 좋을 것 같네요. 그걸로 하겠습니다" 말하고 바로 구매를 결정했다.

카메라 케이스를 고르려고 하자 그 직원은 '한정 기간, 디지털카메라를 구매하신 분께 1,000엔 이하의 카메라 케이스 무료 증정'이라는 시로사 한정 캠페인 전단을 들고 또 다른 제안을 해왔다.

"저희 회사에서 실시하고 있는 캠페인인데 디지사 제품에도 적용할 수 있는지 가전 매장 직원에게 물어보겠습니다. 조금만 기다려 주세요" 말하고는 매장과 협의해서 카메라 케이스까지 무료로 제공해 주었다.

며칠이 지나 가전 매장의 시스템을 잘 아는 컨설턴트에게 전화를 걸어 내가 겪었던 일을 자세히 물어보았다. 그의 말에 의하면 이 전략은 요즘 잘되는 가전 매장의 판매 트렌드였다. 가전 매장 측에서는 자사 제품의 판매만을 고집하는 사원보다 방문 고객의 니즈를 확실히 파악하여 적합한 제품을 추천하는 컨설턴트 형태의 판매 사원을 환영한다고 한다.

시로사에서 파견 나온 직원이 자사의 매출을 도외시하고 경쟁사인 디지사를 추천하는 것은 시로사 측에서 보면 있을 수 없는 이야기다. 하지만 곰곰이 생각해 보면 고객을 위해 자사의 이익을 포기하는 이른바 '이타주의(구매 욕구를 높이는 방법 16)'는 고객인 나에게 감동을 주고 바로 구매 행동으로 옮기도록 도왔다. 이것은 분명 고객의 구매 욕구를 높이는 새로운 방법이다.

고객을 위해서라면 자사의 매출이 오르지 않아도 괜찮다는 직원의 이타주의 정신은 최고의 고객 우선주의라고 할 수 있다. 하지만 아무리 고객들이 판매 직원의 이타주의를 믿는다고 해도 최종적으로는 직원들이 속한 회사의 이익으로 이어지지 않으면 아무런 의미가 없을 것이다. 그렇다면 이타주의 정신으로 고객을 대하는 회사는 과연 이익이 늘어날까?

정치계에는 여당을 위협하기 위해 복수의 야당이 손을 잡는 야당 연합 전략이 있다. 선거구마다 야당 중에서 가장 승리할 가능성이 큰 사람만 입후보시켜 표가 분산되는 것을 막는 방법이다. 그러면 야당에서 당선될 가능성이 더욱 커져 결국 야당의 의석수가 늘어난다. 서로 표를 갉아 먹는 것을 멈추고 양보하는 전략이 유효하다는 의미다.

만약 이 가전 매장의 파견 사원 모두가 자사 제품만을 고집하지 않고 때로는 타사를 추천하는 이타적인 고객 응대 전략을 취한다면 어떻게 될까? 고객의 신뢰도가 높아지고 가전 매장의 평가도 좋아져 결국 모든 제품의 매출이 늘어난다. 결과적으로 회사에서 파견 나온 직원이 자사 제품만을 추천할 때보다 훨씬 많은 매출을 올릴 수 있다.

'공동 투쟁(구매 욕구를 높이는 방법 17)'은 새로운 시대의 새로운 판매 방식으로 앞으로 우리 일상에 점점 더 깊이 침투해 올 것이 분명하다.

제삼자 마케팅은 구매를 자극하는 핵심 요인

나는 왜 순순히 디지사의 카메라를 샀을까? 그 이유를 한마디로 설명하면 치열한 판매 경쟁이 벌어지는 매장에서 생각지도 못한 사람에게 카메라를 추천 받았기 때문이다. 원래 팔아야 할 사람이 아닌 전혀 다른 사람에게 추천을 받자 그의 말을 그대로 신뢰했다.

"판매하는 사람의 말은 믿지 않지만 구매한 사람의 말은 믿는다. 이런 시대에 어떻게 제품을 팔 것인가."

전작《구매 욕구를 높이는 분위기 창출법》의 띠지 문구다. 판매하는 사람의 말, 즉 광고나 판촉 정보보다도 구매자가 공유하는 정보에 대한 신뢰도가 높다. 지금의 시장 상황을 사실대로 언급한 것이다.

SNS의 영향으로 구매자들이 주고받는 정보량은 점점 더 증가하고 있다. 상대적으로 마케터가 발신하는 정보는 존재감도 신뢰성도 점점 더 떨어지고 있는 듯하다.

이제 판매자들은 신제품을 소개할 때 어떻게 해야 판매자의 전략을 숨길 수 있는지를 진지하게 고민하기 시작했다. 대안으로 주목받는 방법 중 하나는 제품 소개를 판매자가 아니라 '제삼자'를 통해 전달하는 것이다. 제삼자 마케팅(구매 욕구를 높이는 방법 18)은 판매자가 아닌 제삼자가 제품을 소개하도록 하여 정보의 신뢰도를 높이는 방법이다. 제삼자의 평가니까 틀림없다! 구매자가 그렇게 인식하게 만든다.

제삼자 마케팅에서 중요한 포인트는 '누구'에게 '어떻게' 정보를 전달할 것인가 하는 점이다. 정보 전달하는 방법에 따라 제삼자 효과(신뢰성, 설득력)가 완전히 달라지기 때문이다. 그렇다면 어떻게 제삼자 효과를 키울 수 있는지 살펴보자.

다음의 세 가지 법칙이 기본이다.

법칙 1. 정보원이 판매자에서 구매자로 가까워질수록 제삼자 효과가 커진다.

법칙 2. 전문가가 전달하는 정보일수록 제삼자 효과가 커진다.

법칙 3. 광고나 판촉의 형태가 아닐수록 제삼자 효과가 커진다.

이 세 가지 법칙을 대화로 만들어 보았다. 이제 막 식품 회사에서 근무하기 시작한 신입 사원과 그의 친구가 대화를 나눈다는 설정이다.

• 법칙 1

있잖아, 최근에 우리 회사에서 엄청 맛있는 즉석 탕수육을 개발했거든. 그런데 TV 광고를 아무리 많이 해도 전혀 팔리지 않아. 왜 그럴까?

그야 당연하지. 자신이 만든 요리가 세상에서 제일 맛있다고 자랑하는 사람의 것일수록 대개 맛이 없잖아. 그렇게 말하는 사람은 신뢰할 수 없어.

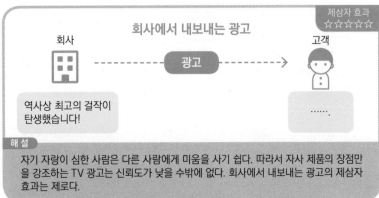

제삼자 효과
☆☆☆☆☆

회사에서 내보내는 광고

회사 ------ 광고 ------> 고객

역사상 최고의 걸작이 탄생했습니다!

…….

해설

자기 자랑이 심한 사람은 다른 사람에게 미움을 사기 쉽다. 따라서 자사 제품의 장점만을 강조하는 TV 광고는 신뢰도가 낮을 수밖에 없다. 회사에서 내보내는 광고의 제삼자 효과는 제로다.

아, 그런가? 그럼 식품 매장 점장한테 우리 제품 좀 밀어달라고 부탁하는 건 어때? '점장 추천' 같은 광고 POP를 매장 코너에 달든지 말이야.

괜찮겠네. 일단 점장이 여러 탕수육 중에서 고른 최고의 제품이라는 말이 되니까.

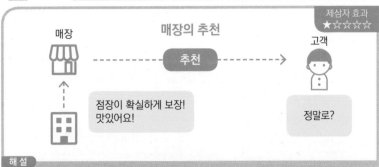

제삼자 효과
★☆☆☆☆

매장의 추천

매장 ------ 추천 ------> 고객

점장이 확실하게 보장! 맛있어요!

정말로?

해설

매장에서 추천하면 제삼자 효과가 어느 정도는 높아진다. 고객은 매장에서 좋은 제품을 골라 진열했을 것이라 판단하기 때문이다.

"이거 정말 맛있어!"라는 실제로 먹어 본 사람의 칭찬을 내세우는 건 어때? '재구매율 90%'라고 전하거나……

인기 있다고 말하는 건 안 좋지 않을까? 그것도 결국 네가 말하는 거잖아? '나는 이렇게 인기가 많아요!' 같은 느낌? 그건 결국 자기 자랑 아닌가?

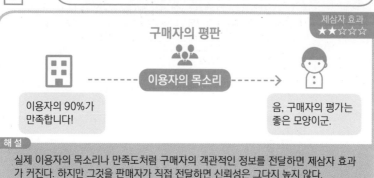

제삼자 효과
★★☆☆☆

구매자의 평판

이용자의 목소리

이용자의 90%가 만족합니다!

음, 구매자의 평가는 좋은 모양이군.

해설

실제 이용자의 목소리나 만족도처럼 구매자의 객관적인 정보를 전달하면 제삼자 효과가 커진다. 하지만 그것을 판매자가 직접 전달하면 신뢰성은 그다지 높지 않다.

• **법칙 2**

그럼 말이야. 믿을 만한 의사 같은 전문가가 대신 말해 주는 건 어때? '식초와 돼지고기에 포함된 좋은 성분을 동시에 섭취하려면 탕수육이 좋다!' 이런 느낌.

TV에 자주 나오는 건강 정보 프로그램 같은 거? 그건 사람들이 그대로 믿지. 물론 확실한 근거가 있어야 하겠지만.

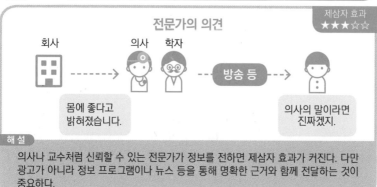

제삼자 효과
★★★☆☆

전문가의 의견

회사   의사   학자

방송 등

몸에 좋다고 밝혀졌습니다.

의사의 말이라면 진짜겠지.

해설

의사나 교수처럼 신뢰할 수 있는 전문가가 정보를 전하면 제삼자 효과가 커진다. 다만 광고가 아니라 정보 프로그램이나 뉴스 등을 통해 명확한 근거와 함께 전달하는 것이 중요하다.

• 법칙3

하지만 최근에는 몸에 좋다는 정보도 포화 상태란 느낌이 들어. 결국에는 구매한 사람의 생생한 목소리를 제일 믿잖아. 아, 맞다! 인기 유튜버가 광고를 해주면 되겠구나!

그건 교묘한 스텔스 마케팅이 될 거야. 부작용이 있을 수 있지만 그래도 영향력이 있는 사람에게 제품 리뷰를 부탁하는 일은 괜찮을지도 몰라. 제품의 모니터가 되면 아무래도 나쁜 리뷰는 쓰지 않을 테고.

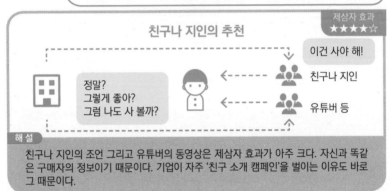

친구나 지인의 추천

제삼자 효과
★★★★☆

해설

친구나 지인의 조언 그리고 유튜버의 동영상은 제삼자 효과가 아주 크다. 자신과 똑같은 구매자의 정보이기 때문이다. 기업이 자주 '친구 소개 캠페인'을 벌이는 이유도 바로 그 때문이다.

휴, 결국 어떤 방법이 가장 좋을까? 할 수 있는 건 다 해야 좋다는 얘긴가?

그야 예산만 있다면 전부 시도하는 게 가장 좋지. 아무리 의심이 많은 사람이어도 여러 채널을 통해 좋은 평판을 들으면 그 정보가 진짜라고 생각하지 않겠어?

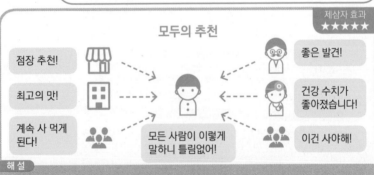

모두의 추천

제삼자 효과
★★★★★

해설

이 사람, 저 사람 모두에게 제품이 좋다고 추천을 받으면 제삼자 효과가 최대한으로 커진다. 고객은 소수의 의견을 넘어 다수의 의견을 들은 상태기 때문이다.

그러고 보니 얼마 전에 정말 대단한 일이 있었어. 경쟁사인 B사 직원이 찾아왔거든. 서로의 제품을 추천하면서 같이 탕수육 붐을 일으켜 보자고 하지 뭐야?

우와! 그건 정말 대단한데! 완전 경쟁사인 A사랑 B사가 손을 잡는 거야? 그런데 어떻게 그런 일이 가능하지?

자사 제품을 권하는 건 너무 당연한 일이잖아? 그것보다는 고객의 취향에 맞춰 때로는 다른 회사 제품을 추천하면 더욱 신뢰 받지 않겠냐고 하더라. 대단한 아이디어지?

그렇구나……. 그런 판매 방식이라면 단번에 믿을 것 같아. 분명 탕수육을 사고 말 거야.

NEW

제삼자 효과
★★★★★
★★★★★

경쟁사의 추천

A사 --- B사 추천 ---▶ ◀--- A사 추천 --- B사

솔직히 B사의 맛이 더 진합니다.

감동! 이 사람들은 완전히 믿을 수 있어!

고객님께는 A사의 맛이 더 잘 맞습니다.

해설

앞서 소개한 디지털카메라 매장의 사례와 같다. A사의 직원이 B사의 제품을 추천하면 고객은 어떻게 받아들일까?
"저는 A사의 직원으로 마음 같아선 A사의 제품을 사주셨으면 좋겠지만, 지금 고객님의 상황이라면 B사의 제품이 더 맞습니다."
직원이 회사의 이익을 포기해가며 자신에게 딱 맞는 제품을 제안해 주기 때문에 고객은 직원의 말을 절대적으로 신뢰하게 된다.
판매자는 점점 광고가 신뢰받지 못하는 시대에 다양한 방식을 활용하여 제삼자 마케팅을 시도해 왔다. 거짓 광고라는 비난을 받지 않도록 신중하게 제삼자를 통해 제품을 소개하는 여러 대안을 마련하고 있다.
'경쟁사가 추천'하는 생각지도 못한 새로운 마케팅이 등장하고 있다. 다음에는 누구에게 어떤 정보를 듣게 될까? 제삼자 마케팅의 진화하는 모습에서 눈을 뗄 수 없다.

성공 스토리텔링이라는 전략

스팽스Spanx라는 체형 보정 속옷 브랜드를 아는가? 회사를 설립한 사라 블레이클리의 창업 이야기는 매우 유명하다. 그녀의 이야기 속으로 들어가 보자.

이야기는 98달러 하얀색 슬랙스로 시작한다. 그녀는 슬랙스를 입었을 때 보인 엉덩이의 팬티 라인이 신경 쓰여 모처럼 산 슬랙스를 8개월이나 옷장에 걸어둔 상태였다. 고민 끝에 그녀는 스타킹의 발목 부분을 잘라 속옷 대신 입었는데 슬랙스를 입어도 뒤태가 아름답게 보인다는 사실을 깨달았다.

'이건 분명 매력적인 사업이 될 거야!' 자신감을 얻은 그녀는 전 재산 5,000달러를 투자해 시제품을 만들었다. 이곳저곳에서 매몰찬 거절을 당하면서도 제품을 만들 공장을 찾고 의류, 경영, 법률 등을 혼자 공부했다.

매장에 입점하기 위해 열심히 영업했지만 거절당하는 날들이 이어졌다. 그래도 쉽게 포기하지 않았던 이유는 그녀는 어릴 적부터 아버지에게 '실패는 힘'이라고 배웠기 때문이다. 매일 저녁 식사를 할 때마다 그녀의 아버지는 "오늘 실패한 일은 뭐냐?"고 물었는데 "특별히 없다"는 대답이 돌아오면 실망했다.

그러던 어느 날, 기적 같은 일이 일어났다. 유명 고급 백화점 사장이 이동 중인 비행기 안에서 10분 정도의 시간을 내줄 수 있다는 연락을 한 것이다. 그녀는 곧바로 스팽스를 빨간 백팩에 가득 채우고 사장을 찾아갔다. 비행기 화장실로 백화점 담당자를 데려가 직접 스팽스를 입히고 제품의 매력을 선보였다. 그녀의 프레젠테이션은 대성공이었고 많은 매장에서 스팽스가 팔리게 되었다.

그로부터 12년 후, 사라 블레이클리는 자수성가형 세계 최연소 여성 부자로 〈포브스〉의 표지를 장식했다.

미국의 유명한 커뮤니케이션 전문가 카마인 갈로는 훌륭한 스토리에는 다음과 같은 법칙이 있다고 했다.

• 분투 노력: 성공을 목표로 노력했다

• 장애: 하지만 그곳에는 뛰어넘기 힘든 문제가 기다리고 있었다

• 해결: 그래도 시행착오를 겪으며 그 문제를 훌륭하게 해결했다

생각해보면 대부분의 영화나 TV 드라마는 이 법칙을 근거로 전개된다. 드라마 〈캄브리아 궁전〉에서 소개하는 기업의 성공 스토리도 이 법칙을 따른다.

사라 블레이클리의 이야기로 돌아가면, 모처럼 사놓고 입지 않던 98달러의 하얀 슬랙스가 많은 여성에게 '그런 적 있지'라는 공감대를 불러일으킨다. 또 사라가 비행기에 스팽스를 가지고 갔을 때의 빨간 백팩에도 의도가 숨어 있다. 빨간색은 스팽스의 패키지 컬러다.

이처럼 스토리는 사람들의 마음속에 오래 남는다. 쉽게 공감을 느끼게 하고 팬층

을 형성하는 데 도움을 준다. 마케터는 이러한 효과를 알고 있기 때문에 기업이나 브랜드의 탄생 스토리를 확산시키는 것이다.

그런데 많은 성공 스토리를 읽다 보면 한 가지 의문점이 생겨난다. 감동적인 탄생 스토리는 앞뒤가 들어맞게 너무 잘 짜여 있고 엇비슷한 이야기가 많다는 점이다. 혹시 성공하고 난 후 뒤늦게 꾸민 이야기는 아닐까, 요즘 부쩍 성공 스토리가 넘쳐난다는 생각이 든다.

특히 성공 스토리나 노하우를 담은 책의 대부분은 저자가 무언가를 '잘하지 못하던 사람'이었다는 고백으로부터 시작한다.

- 프레젠테이션 달인 10명 중 9명은 사람들 앞에서 말 한마디도 못하는 사람이었다.
- 부자의 어린 시절은 과자 하나도 사 먹지 못할 정도로 궁핍했다.
- 인기가 많은 연예인은 이성과 말 한번 제대로 못해본 어린 시절을 보냈다.

스팽스의 창업 스토리는 실화일 것이다. 그러나 세상에는 너무 완성도가 높아 도리어 이상한 성공 스토리가 넘쳐나는 것도 사실이다.

'그 이야기 진짜일까?' 이런 생각이 든다면, 그건 뛰어난 마케터가 연필을 굴려 만들어낸 거짓 스토리일지도 모른다.

제4장

입지 최악 건어물 가게가
망하지 않는 이유

사게 만드는 '이야깃거리'

'슬로'에서 새로운 가치를 찾다

숯불에 구운 건어물은 왜 그렇게 맛있을까? 가스불에 구운 것과 비교하면 식감도 맛도 전혀 다르다. 숯불에 구우면 맛이 좋아지는 이유는 과학적으로도 판명되었다. 숯불은 풍미를 느끼게 하는 성분인 글루탐산을 증가시킨다. 또한 숯 자체의 향이나 영양 성분이 음식 재료를 훈연 상태로 만들어 향신료 효과를 낸다. 음식점들이 숯불구이를 고집하는 데는 그만한 이유가 있었던 셈이다.

그날 나는 자동차로 미나미보소의 해안선을 달리고 있었다. 치바의 어느 산막에서 바비큐를 준비하다 구워 먹을 건어물을 사지 않았다는 사실을 깨달았다. 어촌 가까이에서 숯불 바비큐를 하는데 건어물이 없으면 화룡점정이 빠진 것이라 판단하고 자동차를 몰고 건어물을 사러 나갔다.

건어물을 살 가게는 이미 정해져 있었다. 우치보선 호타역 근처에 있는 건어물 전문점 '조친야'였다. 창업 100년의 역사를 자랑하는 이곳의 건어물은 모두 가게 앞에 놓인 소금물 통에 한 마리 한 마리 정성스레 담았다가 햇볕에 직접 말린 제품이다. 물론 첨가물이나 보존료 등은 사용하지 않는다. 보소 지역에서 나는 생선의 신선도, 전통 방식의 장인 기술로 완성한 절묘한 맛 조절, 태양광과 천연 소금이 빚어내는 맛……. 조친야의 건어물이 최제품으로 인정받는 데는 그만한 이유가 있다.

'슬로(구매 욕구를 높이는 방법 19)'는 오늘날 가장 재조명받는 가치 중 하나다. 일본에는 조친야의 건어물처럼 현지의 식자재를 사용하여 전통적인 방식으로 만든 슬로푸드가 인기를 얻고 있다. 다만 진정한 슬로푸드 가게는 오히려 많이 알려지지 않고 소규모로 개인 운영되는 곳이 많다. 접근성이 떨어지는 장소에 있고 현지 사람조차도 아는 사람만 아는 숨은 맛집인 경우도 수두룩하다.

그러나 최근에는 여러 인터넷 사이트를 통해 슬로푸드를 판매하는 가게가 많이 소개되고, 온라인 판매나 신선식품 배달 같은 택배 산업의 발달로 직접 현지에 찾아가지 않아도 집에서 최고 품질의 제품을 받아볼 수 있게 되었다. 슬로는 무명이었던 가게에 유명해질 기회를 준다. 동북 지방의 어느 산골에서 노부부가 운영하는 작은 전병집도 슬로푸드 전문점이라는 소문이 돌면서 전국적으로 유명해졌다.

나쁜 입지도 마케팅이 된다

아쉽게도 일부러 찾아간 조친야는 휴무일이었다. 어쩔 수 없이 다음으로 찾아간 곳은 어협에서 직영하는 '반야'라는 인기 레스토랑이었다. 반야란 어부가 여러 도구를 보관하거나 고기잡이를 준비하는 해변의 작은 오두막을 의미한다. 이 레스토랑의 콘셉트도 이름 그대로 바닷가 근처에서 갓 잡아 올린 신선한 생선 요리를 제공하는 것이었다.

반야의 토산품 매장에서 건어물을 살 생각이었는데 가는 날이 장날인지 이곳도 휴무일이었다. 그만 돌아갈까도 생각했는데 도저히 건어물을 포기할 수 없어서 조금만 더 자동차로 주변을 탐색해 보기로 했다.

해안 도로에서 바다 쪽으로 이어지는 작은 길로 들어서자 바닷가에 인접한 작은 가게 한 곳이 나타났다. 노렌(상점의 출입구에 내걸어 놓은 천-옮긴이)에는 '건어물·식사'라고 쓰여 있었다. 가게의 겉모습은 공사 현장에 임시로 세워 둔 조립식 주택 같아 보였고, 바닷가 가까이에 위치하고 있어 진짜 어부들의 휴게소인 반야처럼 보였다. '이런 곳이야말로 슬로 방식의 건어물을 팔겠다' 하는 기대감에 부풀어 가게 앞에 차를 세웠다.

이곳은 우선 전철로 찾아오기는 불가능한 장소다. 더구나 큰 도로에서도 벗어나 있어 지나다니는 차들이 발견하기도 힘들다. 이렇게 외진 장소에서 건어물을 사거나 식사를 하는 사람이 과연 있을까? 의문이 솟아올랐다.

그러나 관점을 달리하면 나쁜 위치가 반드시 마이너스 요소는 아니다. 최근에는 도리어 찾아가기 힘든 점을 부각시키는 '나쁜 입지 마케팅(구매 욕구를 높이는 방법 20)' 전략이 통하기 때문이다.

"음식점은 위치가 90%다"라는 말이 있다. 하지만 그것은 10년도 전의 이야기다. 지금은 음식점의 맛만 보장되면 설령 불편한 곳에 있어도 손님들이 찾아간다. 인터넷 특히 SNS의 발달로 입소문을 타면 사람들이 모여들기 때문이다. 접근성이 떨어지는 위치기 때문에 임대료가 저렴하고 주변에 경쟁자도 없다. 한번 제대로 터지면 대박이 난다.

영향력 있는 맛집 블로거는 사람들의 관심을 끄는 접근성이 떨어지는 가게를 좋아한다. 그들은 독자를 늘리기 위해 아직 누구도 소개하지 않은 손때가 묻지 않은 가게를 찾아 헤맨다. 소개글을 읽은 블로그의 독자도 불편한 위치에 커다란 흥미를 느낀다. 가게가 변두리일수록 그곳을 방문하는 일 자체가 하나의 이벤트가 되기 때문이다. 그들은 스마트폰의 GPS를 켜고 조금씩 헤매면서 맛집을 탐구하는 여행을 즐길 것이다. 그리고 그 여정은 또 다시 SNS를 통해 확산된다.

그냥 팔지 말고 이야깃거리를 만들어라

가게 앞에는 큰 건조대 몇 개가 놓여 있었다. 건어물 건조대인지는 정확히 모르겠으나 아무것도 널려 있지 않았다. 밖에서 가게 안을 바라보니 어둑어둑해서 실제로 영업을 하는지도 의심스러웠다.

문을 열고 안으로 들어가자 주인 같은 사람이 내 쪽을 쳐다보고는 "어서 오세요"라고 나지막하게 말한 뒤, 내가 식사하러 온 사람이 아니라는 것을 확인하고 안쪽으로 훌쩍 사라졌다.

가게 한가운데서 아저씨 한 명이 말없이 담배를 피우고 있었다. 식사용 테이블이 아닌 곳에 앉아 있는 것으로 보아 아마도 이곳의 주인인 듯했다. 테이블 위에는 맥주가 놓여 있고 얼굴이 살짝 붉어져 있었다. 무뚝뚝한 표정이어서 눈을 마주치기도 조금 부담스러웠다.

벽에 걸린 화이트보드에는 '회 정식', '전갱이 튀김 정식' 같은 아키하바라의 평범한 정식집에서도 쉽게 찾아볼 수 있는 메뉴가 초등학생이 쓴 것 같은 글씨체로 비뚤배뚤하게 적혀 있었다.

"저기요, 혹시 건어물 있습니까?"

이렇게 물어보자 주인이 냉장고 안을 가리켰다.

하얀 냉장고 안에는 비닐로 포장된 8가지 건어물이 들어 있었다. 그저 대충 진열해 놓은 상태로 '가게 추천 제품', '주목 제품'과 같은 POP는 전혀 붙어 있지 않았다. 생선의 이름도 없이 냉장고 겉에 가격표만 달랑 붙어 있을 뿐이었다. 가게에서 제품을 추천하겠다는 의지가 하나도 느껴지지 않았다.

나쁜 입지 전략으로 성공하는 가게도 있다. 하지만 그런 가게는 그들만이 고집하는 비법이 있다든지 혹은 SNS에 올리기 좋은 사진발을 잘 받는 메뉴가 있다든지, 아무튼 다른 사람에게 보여주고 싶은 무언가가 있는 가게다. 정말이지 이렇게나 팔 생각이 없는 가게라면 나쁜 입지라는 장애물을 뛰어넘기는 어려울 듯했다.

그런데 오래된 냉장고를 뒤적거리다가 문득 이런 생각이 들었다.

'응? 반대로……. 이게 이야깃거리가 되지는 않을까?'

SNS가 전성기를 맞이하고 있는 현대 시대에 무엇이 주목받을지는 아무도 예상할 수 없다. 나쁜 입지인 데다 팔려는 의지도 전혀 없지만, '이 가게 팔려는 의지 제로 ㅋㅋ' 리뷰가 화제가 될 수도 있기 때문이다.

전국 방방곡곡의 맛집을 찾아다니며 동영상을 올리는 유튜버의 콘텐츠가 될 수도 있다.

- 미나미보소의 바닷가 근처에서 작은 가게를 하나 발견
- 지나가는 사람의 눈에 띄면 기적이라고 부를 만한 외딴 곳에 위치
- 어부의 도구를 보관하는 반야처럼 보이는 허름한 가게의 겉모습
- 무뚝뚝한 손님 접대
- 낮부터 술을 마시는 뚱뚱한 주인
→ 이곳에서 아무런 특징도 없어 보이는 전갱이 튀김 정식을 시켰다

재미있는 동영상을 찍을 수 있을지도 모른다. 다시 말해 음식점으로서의 매력이 아니라 콘텐츠로서의 매력이라는 측면에서 평가하면 이 식당의 가치는 절대로 낮지 않다.

그리고 만약 블로거가 주문한 전갱이 튀김 정식이 환상적일 만큼 맛있다면 또 어떨까. 가게와 맛의 괴리감이 화제가 되어 맛집을 찾는 이들에

게 순식간에 이야기가 퍼질 것이다. 그들은 외딴 곳의 맛집 찾기라는 새로운 장르를 개척할지도 모른다.

판매자는 '이야깃거리의 가능성(구매 욕구를 높이는 방법 21)'을 간과하기 쉽다. 어떤 것이라도 콘텐츠로서의 특성이 있다는 사실을 잊어서는 안 된다. 그렇다면 어떤 콘텐츠의 영향력이 강할까? 그야 물론 트렌드에 따라서 변하겠지만, 언뜻 말도 안 되는 이 가게도 요즘 유행하는 느림의 미학으로 보면 어떠한가. 어쩌면 꽤 높은 평가를 받을지도 모른다.

최근 후나시(지바현 후나시의 배 모양 캐릭터-옮긴이)나 구마몬(구마모토현의 마스코트-옮긴이) 같은 지방의 느슨한 캐릭터가 전국적으로 사랑을 받고 있다. 이는 우리 생활에 SNS가 깊이 침투해 있다는 사실을 간접적으로 보여준다.

느슨하다 = 완전하지 않다 = 괴롭힐 여지가 있다

이러한 관점에서 보면 SNS에서 괴롭힘을 당하는 능력, 즉 '쉽게 놀림당하는 이미지(구매 욕구를 높이는 방법 22)'가 인기로 이어진다는 사실을 알 수 있다.

전혀 고객을 접대할 의지가 없는 이 가게의 느낌이나 아키하바라의 정식집에서도 쉽게 먹을 수 있는 메뉴, 화이트보드에 서툴게 쓴 글씨 등은 SNS를 하는 사람 중에서도 특히 장난기가 많은 사람에게 놀림당할 기본적인 요소가 된다. 낮술로 얼굴이 벌건 뚱뚱한 주인 아저씨도 미나미보소의 건어물 가게 주인 '건어물 씨'라는 애칭으로 여고생들 사이에서 선풍적인 인기를 얻을지도 모른다.

구매자의 선택 스트레스를 해소하는 픽원 마케팅

냉장고 안을 들여다보며 건어물을 고르는 장면으로 되돌아가자. 건어물은 모두 비닐에 쌓여 있어 생선 모습을 자세히 살펴볼 수 없었다. 도무지 맛있어 보이는지 알 수 없는 상태였다. 가까스로 좋아하는 전갱이를 발견하여 하나는 그것으로 정했다. 다른 하나를 더 사려고 고민했지만 제품을 선택하기엔 정보가 너무 부족해서 무엇을 골라야 할지 모르겠는 답답한 상황이었다.

쩔쩔매며 서 있는 모습을 보다 못했는지 조금 전까지 과묵하게 담배를 피우던 주인이 갑자기 입을 열었다.

"조기가 괜찮아요."

조기는 몇 번 먹어본 적은 있지만 별다른 기억이 없고 특별히 좋아하는 생선도 아니다. 그런데 이상하게도 주인의 말 한마디에 망설임 없이 조기를 사기로 결정했다. 사실 그 상황에서는 조기 이외의 건어물을 고르기도 어려웠다. 거의 반강제적으로 조기를 사게 되었다고 해도 말이 된다.

"그럼, 조기로 주세요" 하며 바로 주인의 추천을 받아들였다. 그런데 그 순간 이상한 일이 벌어졌다. 머릿속에 고름처럼 잔뜩 쌓여 있던 무언가가 한순간에 사라지는 듯했다. 눈앞이 선명해지고 어깨 위를 짓누르던 악령이 사라진 것처럼 몸이 가벼워졌다. 이렇게 가슴이 뻥 뚫리듯 시원하게 기분이 좋아지는 일은 그리 흔하지 않다. 이때 느낀 시원한 기분의 정체는 무엇이었을까? 나중에 다시 돌이켜보고 한 가지 결론에 이르렀다.

그것은 선택 스트레스에서의 해방이었다. 제품 선택에 쩔쩔매며 고민하는 모습을 보고 주인은 조기 하나만 골라주는 강력한 추천 방식을 통해 선택이라는 소용돌이에서 나를 구해낸 것이다. 나쁜 입지에 있는 외딴 건어물 가게에 눈이 내린 순간이다.

'픽원 마케팅(구매 욕구를 높이는 방법 23)'은 최신 트렌드다. 제품의 다양한 라인업을 선보이던 시대는 저물었다. 지금은 구매자의 선택 사항이 적을수록 강점이 된다. 제품량이 늘어나면 정보량도 많아진다. 구매 방법이 다양해지면서 현대인은 점점 선택 스트레스에서 벗어나고 싶어 한다. 고객 관점에서 판매 방법을 고려하면 선택지를 늘리는 것보다 줄이는 것이 낫다는 사실을 바로 알아차릴 것이다. 선택지를 하나하나씩 줄여가다보면 마지막에는 남은 한 가지로 승부를 거는 픽원 마케팅이라는 결론에 도달한다.

신주쿠의 라면 전문점 '나기'는 개업 당시 10개 이상의 메뉴가 있었다고 한다. 다양한 종류의 라면을 팔다보니 가게의 개성을 표현하기도 어렵고 매장 운영도 산만해졌다. 그래서 가장 인기가 많은 '마른멸치라면' 한 종류로 메뉴를 줄였다. 이렇게 결정하기까지 큰 용기가 필요했을 것이다.

마른멸치를 좋아하지 않는 사람은 절대로 고객이 될 수 없기 때문이다.

가게 앞에는 이런 문구가 쓰여 있다.

"마른멸치를 못 드시는 분은 돌아가 주십시오."

그들은 타깃층의 한계를 처음부터 각오했던 것이다. 경쟁이 치열한 업계에서 살아남는 곳은 이렇게 개성이 넘치는 가게다. 가게의 색깔을 뚜렷하게 드러내면 그 분야에서 제일 먼저 떠오르는 이미지를 쟁취할 수 있다. 나는 매운 라면이 먹고 싶을 때는 '몽고 탄멘 나카모토', 혼자서 조용히 먹고 싶을 때는 '이치란'의 칸막이를 떠올린다.

그뿐 아니라 픽원 마케팅은 SEO(검색 엔진 최적화로 상위에 노출하는 것) 대책에도 유리하다. 예를 들어 신바시에서 점심시간에 볶음밥이 먹고 싶다면 '신바시 볶음밥'이라고 검색할 것이다. 그러면 유명한 중화 요리 전문점들을 제치고 볶음밥 전문점인 '차한오'가 제일 먼저 나타난다. 볶음밥이 먹고 싶을 때 볶음밥 전문점이 검색된다면 그것 말고 더 필요한 것이 있을까.

고객의 90%는 쇼핑 당시가 아닌, 그 후에 만족을 느낀다

건어물 가게로 다시 돌아가자. 주인에게 등을 떠밀려 무사히 조기를 고르고 주인에게 계산을 마쳤다.

'꽤 멀리까지 왔지만 그래도 건어물을 사서 다행이다' 생각하며 가게를 나서려는 순간, 등 뒤에서 또다시 주인이 말을 건넸다.

"소금 간을 한 거니까 간장에 살짝 찍어 먹으면 맛있어요."

'손님을 배웅하는 한마디(구매 욕구를 높이는 방법 24)'로 가게는 단번에 좋은 인상을 얻을 수 있다. 간단하면서도 강력한 마법이다. 아마도 주인은 자기가 추천한 건어물을 최고의 맛으로 즐겼으면 하는 마음에 본인도 모르게 말이 튀어나왔을 것이다.

건어물을 먹을 때 소금의 간만큼 중요한 정보도 없다. 따라서 주인의 간장 사용 지침이 주는 안도감은 무엇과도 바꿀 수 없는 요소다. 주인은 건어물을 먹는 누구나 겪게 되는 소금 간의 문제를 미리 조언해 주었다. 얼마나 감사한 배려인가.

그의 마지막 한마디는 또 한 가지 중요한 점을 시사하고 있다. 주인은 어떻게 조기의 소금 간을 알고 있었을까? 가게에서 파는 건어물을 모두 시식해 보았을까. 이유를 곰곰이 생각하다 정답이 떠오른 순간 '앗' 소리를 내고 말았다. 가게 앞에 널려 있던 큰 나무 건조대는 진짜 건어물 건조대였다. 건어물은 모두 주인의 작품이었던 것이다. 다시 말해 이 가게의 건어물은 완전한 오리지널 수제 제품이었다.

이것도 없고 저것도 없네 하며 조금 전까지 가게의 진열 상태에 불만을 품었던 것이 부끄러워졌다. 손님을 배웅하는 그 한마디의 조언이 있다면 장황한 설명이 들어간 POP 같은 것은 전혀 필요 없다. 추억을 더듬어 보면 예전에는 마을 상점가의 생선가게에서도 손님을 배웅하는 말을 일상적으로 들을 수 있었다. "남으면 된장국에 넣어도 맛있어!", "냉장고에 넣어두면 일주일은 가!"와 같은 말을 듣고 얼마나 많은 사람이 안심하고, 제품을 구매한 이후에도 만족했던가. 이런 배웅의 한마디를 들을 수 없는 요즘 대형마트의 생선 매장은 참으로 쓸쓸하기 그지없다.

마트에 갈 때마다 항상 눈에 거슬리는 풍경이 있다. 계산대에서 계산 후 봉지에 물건을 담는 사람들의 얼굴이 하나같이 피곤해 보인다. 물건을 담는 일이 힘들어서일까.

구매한 물건을 봉지에 담는 일은 풀기 어려운 퍼즐 맞추기와 같다. 많은 제품을 어느 순서대로 넣어야 한 봉지에 제대로 다 들어갈까, 찢어지지는 않을까, 무게의 균형을 못 맞춰 한쪽으로 찌그러지지는 않을까? 여러 조건을 동시에 고려하며 물건을 담아야 하기 때문이다. 그렇지 않아도 고객은 쇼핑하며 선택이라는 고도의 두뇌 노동으로 피로한 상태인데, 더 나아가 물건 담기 챌린지를 하고 있으니 얼굴에서 웃음기가 사라질 만도 하다.

마트는 정말 양심도 없는가. 물건을 사기 전에는 "이거 어떠십니까", "아주 신선합니다"라며 사라고 잔뜩 부추겨 놓고 계산을 마치면 끝. 이제 나머지는 봉지를 줄 테니 알아서 적당히 넣어서 가라는 식이다. 잘 생각해보면 이렇게 심한 처사도 없다.

슈퍼마켓 체인점 '세이조 이시이'의 매장에서는 고객이 산 물건을 계산원이 봉지에 담아서 건넨다. 고객을 위한다는 이유도 있지만 무엇보다 제품을 잘못 담아서 맛이 변하는 것을 방지하기 위해서라고 한다.

세이조 이시이의 사장은 이렇게 말한다.

"식탁에 올라가는 순간까지 세이조 이시이의 일이다."

그런데 최근 슈퍼마켓에서는 봉지에 담는 일은커녕 셀프 계산대까지 도입하고 있다. 고객이 스캐닝(바코드로 제품 정보를 입력하는 작업), 정산과 거스름돈 받기까지의 모든 과정을 직접 하게 되어 있다. 셀프 계산대의 운용 목적은 기다리지 않고 신속하게 처리하여 고객의 스트레스를 줄이기 위해서라고 하는데, 듣기에는 좋은 듯하지만 사실은 점원 수가 적어도 대응할 수 있는 시스템을 만들어 인건비를 줄이려는 목적도 있을 것이다.

세이조 이시이는 이런 시대의 흐름을 역행하며 많은 점원을 매장 안에 배치하고 있다. 이곳에는 '○○ 코너'와 같은 표시가 없다. 이유는 매장 안의 점원에게 직접 물어보기를 원하기 때문이라고 한다. 그러면 고객과 점원 사이에 한마디라도 더 하며 커뮤니케이션이 늘어날 것이다. 현재 이곳에는 점원과 직접 이야기하고 싶은 단골손님이 날마다 찾아온다.

2016년 말에 공개한 무인 편의점 '아마존 GO'의 콘셉트 영상을 보고 무척 놀랐다. 편의점에 들어가 제품을 고른 후에 계산하지 않고 자신의 가방에 넣어서 그대로 밖으로 나온다. 언뜻 보면 도둑질처럼 보이지만 정확한 제품 금액이 결제된다. 로손도 앞으로 무인점포를 도입하겠다고 발표했다. 이처럼 전자화폐가 보급되고 IC 태그가 실용화되면 아마존 GO 같은 무인점포는 급속도로 증가해 수년 안에 마트나 편의점의 계산대는 사라질 것이다.

물건을 판매하는 매장이야말로 고객을 끌어모으지 않으면 살아남을 수 없는 시대다. 고객은 기계가 아닌 사람에게 끌린다. 만일 고객에게 오랫동안 사랑받는 가게를 목표로 삼았다면, 단계적 계산을 담당하는 점원을 손님에게 한마디 건네며 소통하는 점원으로 변화시키는 것이 현명하다.

손님과 소통하는 점원의 업무는 상황에 맞추어 고객에게 적합한 말을 건네는 일이다. 냉장고에 뭐가 들었는지 물어보고 오늘의 식단을 추천하고 음식 재료를 선택하는 포인트를 알려준다. 맛있는 상태로 먹을 수 있도록 봉지에 담아 주고 돌아가는 길에 조심히 들어가라는 말로 배웅한다. '통합 쇼핑 지원자'라고 부르면 그들의 업무를 더욱 이해하기 쉬울지도 모르겠다.

AI가 절대로 따라 할 수 없는 사람과 사람간의 소중한 커뮤니케이션을 통해 고객의 만족도를 높여야 한다. 이제 제품을 판매 매장은 옛날 상점에서 소중히 여겼던 대화, 소통의 가치를 찾아야 할 시점이다.

고객의 마음을 독점하는
UX 디자인

건어물 가게의 수수께끼를 풀어라

건어물 가게 주인은 픽원 마케팅과 한마디로 손님을 배웅하는 전략을 구사하며 수준 높은 고객 접대를 했다. 그런데 여기에 한 가지 수수께끼가 남아 있다.

Ⓦ Ⓞ Ⓡ Ⓚ ─────────────────────────────────○

건어물 가게의 주인은 도대체 왜 조기를 추천했을까?

전갱이, 꽁치, 오징어…… 건어물의 종류는 많은데 콕 찍어 조기를 추천한 이유는 무엇일까? 조기라는 생선에 대한 지식이 전혀 없는 나로서는 도무지 짐작이 가지 않았다. 그래서 보소 지역으로 낚시를 자주 다니는 동료에게 "낚시인의 관점에서 조기를 어떻게 생각해?"라고 물어보았다.

"조기라…… 그건 일단 고급 생선이라는 이미지가 있죠. 술집에서 주문하면 가격이 꽤 비싼 축에 속해요. 이유는 아무래도 금방 상해서 오래 보존하기 어렵기 때문일 거예요. 시장을 거쳐서 가게로 들어오면 그사이에 상해서 못 먹게 되죠. 그래서인지 도심의 생선 가게에서는 좀처럼 찾아보기 힘들어요. 희귀 생선 취급을 받습니다.

하지만 실은 조기가 그렇게 희귀한 생선이 아니에요. 낚시하러 가면 조기가 멋대로 걸려들어 마구잡이로 잡히기도 합니다. 그런데 잡아도 그냥 놓아줄 때가 많아요. 왜냐면 그렇게 맛있는 생선이 아니니까요.”

이 정보에는 두 가지 큰 힌트가 포함되어 있다. 무엇인지 알아차렸는가?

우선 도심에서는 조기가 찾아보기 힘든 고급 생선이라는 취급을 받는다는 점이다. 건어물가게 주인은 필자가 이 근처에서 자주 보지 못한 얼굴이며 현지인이 아니라는 사실을 바로 알아차렸을 것이다. 그뿐 아니라 다음과 같은 추리를 했을 가능성도 있다.

‘토산품을 선물하려고 왔을까? 어쩌면 누군가가 사 오라고 부탁했는지도 모르지. 대낮에 건어물이 필요하다는 걸 보니 이 주변에서 바비큐를 하려는 모양인데 음식 재료를 사러 나온 거겠군.’

손님을 배웅하는 한마디의 전략을 사용할 정도로 능력 있는 주인이다. 이처럼 세심하게 고객을 분석했다고 한들 전혀 이상하지 않다. 주인은 이런 결론에 도달했을 것이다.

'보소에서 건어물 바비큐를 하기에 적합한 생선은 무엇일까…… 도심에서 고급 생선 취급을 받는 조기가 좋겠군.'

전갱이나 꽁치도 일단 바비큐는 할 수 있다. 하지만 보소의 바다 향을 즐길 건어물 바비큐의 재료로 삼기엔 어딘가 조금 묘미가 부족하다. 다시 말해 조기를 추천한 이유는 지금부터 보소 건어물 바비큐를 할 예정인 나를 배려한 주인의 마음이었다고 생각하는 것이 타당하다. 그래도 여전히 그 짧은 순간에 고객의 마음을 읽고 조기를 강력히 추천했다는 사실에 찜찜함이 남는다. 어떻게 그렇게 정확한 예측을 할 수 있었을까?

건어물 가게 주인은 'UXUser Experience 활용(구매 욕구를 높이는 방법 25)' 능력을 갖추고 있는 것이 분명하다. UX란 문자 그대로 사용자의 경험 가치를 의미한다. 제품이나 서비스의 질적 향상에 우선하여 제품 사용자의 경험 가치를 먼저 결정하고, 다음 단계로 제품이나 서비스가 어떻게 이루어져야 하는지를 고민하는 사용자 중심의 사고방식이다. UX를 중심에 놓고 고민하면 생각지도 못한 새로운 아이디어가 튀어나올 수도 있다.

예를 들어 최근에 선풍적인 인기를 끈 초소형 비디오카메라 '고프로'는 UX의 관점 없이는 탄생하지 못했을 제품이다. 아웃도어 활동을 하며 액티브한 자신의 모습을 다른 사람과 공유하고 싶다면 그에 걸맞은 장치는 무엇일지 UX 관점에서 고민해 보자.

- 헬멧에 장착할 정도로 초소형이어야 한다.

- 바닷속에서도 사용할 수 있는 완전 방수제품이어야 한다.
- 풍경이 한눈에 들어오는 초광각 렌즈가 있어야 한다.

이 3가지 조건에 부합하는 비디오카메라가 필요하다는 결론에 도달할 것이다. 결과적으로 디지털카메라에는 너무도 당연한 고화질이나 오래 가는 배터리 성능 등은 포기하고 새로운 제품을 설계하게 된다. UX 관점에서 제품을 개발하면 근본적인 부분부터 달라진다.

건어물 가게 주인은 분명 이렇게 생각했을 것이다.

'우리는 건어물을 파는 게 아니야. 건어물을 통한 체험을 제공하는 거지.'

UX 디자이너 건어물 씨는 건어물을 들고 자동차로 떠나는 나를 향해 "Have a Good 바비큐"라고 중얼거렸을지도 모른다.

악평이 쉽게 퍼지는 이유

UX 관점에서 필자를 배려한 주인의 따뜻한 마음에 존경을 표한다. 하지만 마냥 기뻐할 수는 없다. 낚시꾼 동료에게서 들은 조기의 정보 속에는 도저히 흘려버릴 수 없는 내용이 포함되어 있기 때문이다.

"사실은 그렇게 희귀한 생선이 아니다. 맛이 별로 없다."

건어물 가게 주인은 내 모습을 보며 생선을 잘 모르는 사람이라고 단번에 알아차렸을 것이다. 내가 건어물에 무지하다는 점을 이용하여 그 지역에서는 아주 흔한 조기를 강매했을 가능성도 배제할 수 없다.

"당했다! 잘 모른다고 이용하다니!"

그러나 나처럼 바비큐를 즐기는 사람 중 한 사람이라도 생선을 잘 아는 사람이 있다면 보소 지역에서 조기는 많이 잡히는 아주 흔한 생선이라는 사실을 들키고 만다. 그렇다면 건어물 가게는 악평을 피할 수 없을 것이다. 그렇다면 주인은 왜 그랬을까?

어쩌면 주인은 SNS 시대에 어울리는 방법인 '노이즈 마케팅(구매 욕구를 높이는 방법 26)'을 활용했는지도 모른다. 노이즈 마케팅은 사람들이 주목할 만한 이야깃거리를 일부러 집어넣어 화제를 만드는 방식이다.

최근에는 이러한 노이즈 마케팅을 활용한 TV 광고나 동영상이 끊이지 않는다. 불륜을 일으킨 배우를 모델로 한 TV 광고는 시청자들에게 불륜을 옹호한다는 민원이 쇄도하여 방송을 중단했다. 섹시함을 내세워서 만든 인터넷 동영상은 부적절하고 외설스럽다는 민원으로 중지되었다.

광고에 대한 악평과 민원, 그로 인한 광고 중단은 왜 반복되는 것일까? 그것은 발신자가 아슬아슬하게 악평을 피할 수 있는 경계선까지 공격하기 때문이다. 화제를 목표로 삼기 때문에 아무래도 표현이 과격해질 수밖에 없다.

"악명은 무명보다 낫다."

부정적인 반응을 감수하더라도 아무런 반응이 없는 것보다 나을지도 모른다. 악평으로 들을 만한 이야깃거리에는 반드시 고객들의 반응이 나타나고 결과적으로는 판매자에게 기여하는 일이 생겨나도 한다.

노이즈 마케팅은 어떤 현상을 불러일으킬까? 상세한 메커니즘을 살펴 보자.

1. 무슨 일인지 알고자 하는 관심을 보인다

노이즈 마케팅의 기능이 활성화되면 '상식이 있는지 의심스럽다', '한 기업으 로서 책임이 부족하다'는 악평이 대량으로 쏟아진다. SNS의 발달로 요즘에 는 누구든 위화감이나 불쾌감을 자유롭게 표현할 수 있게 되었다. 인터넷 사 용자는 기업의 고객 상담실에 민원을 제기하기보다 SNS에 비평을 올리는 편이 징벌 효과가 크다는 사실을 알고 있다.

그야말로 모든 국민이 비평가인 시대다. 비평가들은 왜 그런지 항상 의문을 제기하며 쓴소리할 대상을 찾고 있다. 사람들은 왜 반대 의견을 주장하고 싶 어 할까? 한 실험을 통해 '찬성보다 반대 의견을 말하는 사람이 이성적으로 보인다'는 사실이 밝혀졌다. 반대 의견을 주장하는 일은 자신의 존재감을 드 러내는 일로 이어진다.

2. 찬반양론으로 소란스러워진다

'이건 차별이다!', '범죄를 조장한다!' 같은 목소리가 인터넷에 넘쳐나면 이번 에는 '이런 일로 일일이 소란피우지 마라' '노이즈 마케팅일 뿐이니 이러쿵저 러쿵하지 마라', '이게 어디가 차별이야'처럼 안티에 대응하는 또 다른 안티

세력이 나타난다. 포용력이 없다고 지적하는 일은 그것 나름대로 멋지기 때문이다.

구설수에 오르려고 의도적으로 던진 화젯거리에 대한 논의가 과열되어 반대파 vs 옹호파의 투쟁으로 번진다.

3. 결국 관심과 호의가 생겨난다

이윽고 일부러 구설수에 오르기 위해 화젯거리에 관한 호기심을 부추긴 '사람, 제품, 기업'에 대한 커뮤니케이션의 총량이 폭발적으로 증가한다. 이것을 구설수로 볼지 비평으로 볼지는 관점에 따라 다르다. 마지막에 대변할 말이 없다면 그것은 구설수로 볼 수밖에 없다. 그런데 이번에는 이야깃거리가 느닷없이 사라졌다는 사실이 다시 화제성을 지니며 확산된다. 그리고 이전보다 더 많은 사람이 그 이야기에 주목한다.

이야깃거리의 긍정적 효과

사람들은 접촉 횟수가 잦은 대상에게 관심을 보이며 호의를 베풀고 신뢰하는 특성이 있다(자이언스의 법칙). 접촉 빈도가 높을수록 호감도가 높아지는 것이다.

이야깃거리로 화제를 일으켜 대통령이 된 사람이 바로 도널드 트럼프 미국 대통령이다. '멕시코와의 국경에 벽을 세우겠다'와 같은 공약을 내세우면 악평이 쏟아지리라고 쉽게 예상할 수 있었다. 그런데도 트럼프는 일부러 그 말을 했다.

→ 트럼프는 눈살을 찌푸릴 만한 폭언을 쏟아붓는다.

→ 터무니없는 말을 하는 후보가 있다는 문제가 된 발언이 언론에 소개된다.

→ 반트럼프파가 만들어지는 동시에 트럼프 옹호파도 생겨난다.

→ 양 파의 전쟁과 같은 대립이 격렬해지고 TV에서는 트럼프가 연일 등장한다.

→ 트럼프를 접촉하는 횟수가 늘어난다.

그러면 서서히 이런 반응이 나타난다.

"그의 말이 의외로 맞을지도 몰라."

"이 사람 꽤 속 시원한 소리를 하잖아."

트럼프는 프로레슬링의 매니저를 했던 경험이 있다. 프로레슬링에서는 겁내지 않고 막말을 쏟아내는 악역이 큰 인기를 얻는다. 트럼프가 그러한 레슬링의 특징을 정치 세계에 응용했다고 이야기하는 전문가도 있다.

보소에서 바비큐를 만끽하려는 사람에게 보소의 명물을 추천하는 일은 자연스럽다. 주인은 단지 이야깃거리를 던졌을 뿐이다. 조기를 사서 돌아간 바비큐장에서 뚜껑을 열어보고 난 뒤 조기는 사실 명물 생선이 아니라는 것에 깜짝 놀라며 분위기가 고조되는 일까지 모두 계산했을지 모른다. 결국 바비큐로 아슬아슬하게 악평을 피해갈 수 있는 이야깃거리를 남겨 즐거운 추억을 준 주인에게 나는 불만은커녕 감사한 마음이 생겼다.

건어물 가게 주인은 이렇게 자신의 신뢰도를 높이고 '보소에서 건어물을 산다면 또 그 가게에서 사고 싶다' 마법을 걸어 고객의 마음을 독점할 수 있었다.

판매자에게 2년 약정은 최고의 전략이다

매장 시찰을 하다 보면 코미디 같은 에피소드와 마주할 때가 있다. 거리의 핸드폰 매장에 손님인 척 가장해 상담을 받으러 간 적이 있다.

점원   어서 오세요!

혼마   저 뭐 좀 물어봐도 될까요? 가게 앞에 '위약금은 모두 우리가 부담합니다'라고 쓰여 있던데 정말이에요?

점원   네, 그렇습니다! 만약 고객님께서 계약하신 플랜이 2년 약정인데 도중에 해지하시면 위약금을 물어야 하잖아요? 저희 가게에서 통신사를 변경하시면 위약금을 모두 부담해 드립니다!

혼마   그건 정말 좋네요. 지금 제가 딱 2년 약정이거든요. 해약하고 싶어도 아직 약정이 많이 남아 있어 포기하고 있었어요.

점원   걱정하지 마세요! 사실 2년 약정을 해지하면 위약금이 꽤 되긴 하죠.

혼마   그럼 위약금을 대신 내주시는 조건은 뭔가요?

점원   지금 상황에서 고객님이 이쪽 통신사의 플랜으로 갈아타시면 아무 문제 없습니다!

혼마　네? 그 플랜이라는 게 혹시⋯⋯.

점원　네! 2년 약정 플랜입니다.

그 당시에는 통신사를 변경하면 고객이 많은 현금을 받을 수 있었다. 휴대폰 매장에도 분명 높은 인센티브 제도가 있었을 것이다. 휴대폰 매장에서는 2년 약정 위약금을 부담해서라도 통신사를 변경하게 만들려고 필사적이었다. 그래서 "2년 약정을 해약하고 새로 2년을 약정하지 않겠습니까?" 같은 이상한 대화 장면을 만든 것이다.

이 일은 3년 전의 이야기지만 지금도 통신 3사를 이용하는 사람들은 대부분 2년 약정 요금에 묶여 있다. 휴대폰 매장에서는 그러한 계약 방식으로 스마트폰을 실질적으로는 공짜로 살 수 있다는 논리를 내세우며 가입자를 늘려 왔다. 2년 약정은 매달 내는 통신요금에서 단말기 요금을 24개월 동안 할인해 준다. 다시 말해 2년간 통신요금을 내면 단말기 금액을 할인 받을 수 있어 실제로는 단말기가 공짜라는 이야기다.

그런데 2년 약정은 복잡한 제도기 때문에 사람들이 오해하는 부분도 있다.

• 단말기 본체를 할부로 사지 않으면 요금 할인이 되지 않는다고 생각하는 사람이 많다. 하지만 일시불로도 할인이 될 뿐 아니라 오히려 일시불은 가전 매장의 포인트도 쌓이므로 훨씬 이익이다.

- 일시불로 산 사람도 도중에 해약하면 위약금을 내야 한다는 사실이 많이 알려지지 않았다.
- 단말기를 일시불로 사고 2년 후에 요금이 갑자기 올라서 놀라는 일도 종종 있다. 그것은 24개월 약정 요금 할인이 자동으로 종료되기 때문이다.

여러 오해를 불러일으키는 2년 약정은 그래서 클레임도 자주 발생한다. 총무성(우리나라의 행정안전부 역할을 하는 일본의 중앙부처)은 소비자가 저가의 알뜰폰 유심으로 전환하는 것을 통신사가 방해한다며 단말기 공짜나 2년 약정과 같은 판매 방식을 시정하라고 통신사에 요청했다. 하지만 여전히 근본적인 개선은 이루어지지 않은 듯하다.

최근 일본에서 알뜰폰 유심으로 전환하는 사람이 증가한다고 들었다. 그래도 아직 일본 전체의 14% 정도다. 여전히 대부분 대형 통신 3사를 이용한다. 대형 통신사에서 알뜰폰 유심으로 교체하면 매월 7,000~8,000엔 정도던 요금이 2,000~3,000엔 수준으로 낮아진다. 매월 5,000엔이 줄면 연간 6만 엔이 절약된다. 그런데도 사람들이 여전히 비싼 요금을 내야 하는 대형 통신사를 쓰는 이유는 무엇일까?

얼마 전에 동료와 스마트폰의 비싼 통신 요금에 관한 대화를 나누었다.

"그야 통신사는 처음부터 비싼 통신료에 단말기 요금을 더해서 기본요금을 책정하죠. 미리 모든 것을 포함한 요금을 결정해 놓고 거기에서 단말기 값을 할인

고객 감사 세일

차량 본체 가격

240만 엔의 자동차가?

말도 안 돼!

¥ 240만

스마트폰 약정
A플랜

0 엔

공짜

매월 10만 엔×24개월=240만 엔을 할인해 드립니다!
적용 조건: 본 매장에서 신규 혹은 기종 변경으로 스마트폰 약정 A플랜(매월 10만 7,000엔)
가입 고객

자세한 사항은 직원에게 문의하세요!!

해 '단말기는 공짜입니다' 하고 내세우는 눈속임인 거예요."

이렇게 설명해도 동료는 '미리 단말기 요금을 더해서'라고 말한 부분을 정확히

이해하지 못하는 것 같았다.

"스마트폰을 약정하면 자동차도 공짜로 줄 수 있어요. 자동차 값을 미리 매달

요금에 포함시켜 놓으면 되니까요."

이렇게 말하고는 자동차를 무료로 주는 통신요금 약정 플랜을 만들어 설명했다.

"이 240만 엔의 자동차를 매월 10만 엔씩 통신요금에 넣어서 생각해 봐" 하고

알려주자 그제야 이해한 듯했다.

자동차를 할부로 산 사람과 일시불로 산 사람의 매월 요금을 살펴보자.

주의!

자동차 할부는
24개월로 끝나지만
매월 할인도 동시에 종료하므로
25개월째 이후의 매월 요금은
10만 7,000엔이 된다.

주의!

자동차를 일시불로
산 사람도 24개월이 지나면
매월 할인이 종료되므로
25개월째 이후의 매월 요금은
10만 7,000엔으로 올라간다.

요금표(매월 요금)

자동차 금액을 할부로 내는 사람

스마트폰 A플랜	10만 7,000엔
자동차 할부금(24개월)	10만 엔
소계	20만 7,000엔

(-) 매월 할인	10만 엔
매월 요금	**10만 7,000엔**

자동차 금액을 일시불로 낸 사람

스마트폰 A플랜	10만 7,000엔

(-) 매월 할인	10만 엔
매월 요금	**7,000엔**

이처럼 자세히 알고 보면 휴대폰의 2년 약정과 공짜라는 교묘한 마케팅 방식에 놀랄 수밖에 없다. 그들은 약정 플랜으로 여러 가지 목적을 달성하기 때문이다.

- 단말기가 공짜라는 고객을 위한 혜택으로 현혹

- 비싼 단말기를 할부로 사는 편리성 제공

- 2년 후에는 기종 변경으로 새로운 단말기 판매

- 약정 기간 내에 해약하기 어렵게 만들어 고객 유출 방지

2년 약정은 결국 판매자에게 최고의 전략이었다는 점을 이해했는가?

Marketing

사계
만드는
법칙

제5장

SNS, 제대로 알아야
잘 써먹는다

SNS와 '좋아요'

SNS 인증 유형을 파악하라

2017년 일본의 신조어 · 유행어 대상은 '인스타바에'가 차지했다. 인스타그램이 앞으로 어떻게 변할지는 모르겠으나 커뮤니케이션의 수단이 문자에서 사진으로 바뀌고 있다는 사실만은 분명하다. 인스타바에란 무엇일까? 고토방크(일본의 무료 웹 백과사전-옮긴이)는 다음과 같이 정의한다.

PC나 스마트폰용 사진 공유 소셜미디어 '인스타그램에 올릴 만한 사진'이라는 뜻으로 게시한 사진이나 피사체 등이 잘 나왔다 혹은 멋있어 보인다는 의미로 사용하는 표현이다. 인스타그램과 사진에서 빛이 난다는 의미의 단어를 합성해서 만든 신조어다.

마케팅을 해야 하는 기업 측에서 보면 현재 인스타바에가 가장 큰 사업의 기회다. 만약 그들이 제공하는 제품이나 서비스가 인스타그램에 올리고 싶은 소재, 즉 인스타바에로 알려지기 시작하면 화제가 되어 입소문을 타고 사업의 기회가 확산된다.

그렇다면 인스타바에의 주요 대상은 무엇일까? 인스타그램의 주요 이용자인 20대 여성들은 '예쁜 것, 귀여운 것'이라면 무엇이든 자신의 SNS에 올려 줄까? 그렇게 단순한 이야기는 아닌 듯하다.

사람들은 어떤 소재를 SNS에 올릴까? '사진이 잘 나왔다'는 단순한 이유 외에도 크게 두 가지 목적이 있다.

첫째, 인스타그램을 비롯한 SNS의 특징은 글을 올리고 나면 '좋아요'라는 반응을 얻을 수 있다. 좋아요 수는 자신이 올린 사진, 즉 일상생활의 한 장면에 대한 평가로 이어지고, 이는 결국 인간의 인정받고 싶은 욕구를 충족시킨다.

어느 연구에 의하면 사람은 SNS에서 '좋아요'라는 평가를 받으면 도파민이 분비되는데, 그 쾌감은 담배나 술에 대적할 만큼 중독성이 있다고 한다. 자신이 올린 글이 다른 사람의 관심을 끌려면 그들의 공감을 불러일으킬 만한 내용을 담아야 한다. '앗! 나도 그곳에 가보고 싶었는데', '그거 나도 무척 좋아해' 하는 생각이 들게끔 말이다.

둘째, SNS는 매일매일 게시한 글이 축적된다는 특징이 있다. SNS의 사진 앨범을 열어보면 그 사람의 직업, 취미, 친구, 음식 취향, 옷이나 소지품 센스 등 모든 라이프 스타일을 들여다볼 수 있다.

다시 말해 SNS는 글을 올린 사람의 매력적인 개성을 드러내는 자기 브랜딩 역할을 담당한다. '나 이렇게 잘나가'라고 은연중에 주위에 어필하

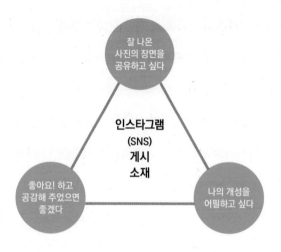

며 자기표현의 욕구도 만족시킨다. 따라서 인스타바에라고 부르지만 본질적으로 들어가면 자신의 개성을 드러내기 위해서는 잘 나온 사진보다 공감을 불러일으키는 게시글의 내용이 훨씬 중요해진다. 그러나 잘 나온 사진, 공감, 개성 어필, 이 세 가지를 동시에 만족하는 소재를 찾기는 그리 쉽지 않다.

예를 들어 SNS에 '하라주쿠에서 팬케이크, 정말 맛있음!'이라는 글과 함께 사진을 올렸다고 하자. 팬케이크의 붐이 서서히 가라앉는 상황에서 사진 속 팬케이크의 비주얼은 새롭지 않기 때문에 사람들의 반응을 기대하기는 어렵다. 다만, 팬케이크를 싫어하는 여성은 적을 테니 먹고 싶다고 공감하는 사람들이 '좋아요'를 누를 것이다. 이 게시글과 사진이 개성 어필로 이어질지는 조금 미묘한데, 하라주쿠라는 지역이 글을 올린 사람의 색깔과 맞는지가 문제다. 이제 와서 팬케이크 사진을 올려 뒷북치는 사람

취급을 받지 않으려면 충분히 자가 진단을 하는 편이 안전하다.

그렇다면 과감하게 최고의 기분을 느꼈던 순간을 업로드하면 어떨까. '와이키키에서 바라본 선셋. 이 광경을 보고 싶어 매년 찾아온다'는 글의 반응을 예상해 보자. 수평선으로 떨어지는 태양은 좋은 감성 사진일 것이다. 하지만 와이키키의 사진은 그곳에 가본 적이 없는 사람이 매우 공감하기 어렵다는 단점이 있다. 더구나 와이키키를 매년 방문한다고 어필한 문장은 또 어떤가? SNS의 세계에서 미움을 사기 쉬운 싫증나는 글 중의 하나일 뿐이다.

SNS 업로드 자가 평가 차트

SNS 게시자는 쉼 없이 사진의 대상을 발굴하고 업로드한 글이 구독자의 기분을 해치는 소재가 아닌지 꼼꼼하게 살펴야 한다. 이와 동시에 누가 보아도 부끄럽지 않을 자신만의 스토리인지도 확인해야 하고…… SNS에 게시물을 올리는 것이 얼마나 복잡한 고도의 작업인지 알아야 한다.

조금이라도 주의하지 않으면 평생 되돌릴 수 없는 상처를 입는다는 말이 있다. 소재 찾기에 몰두한 나머지, 피곤하고 지쳐 자신의 마음과 달리 급하게 글을 올리다 사고를 치고 만다. 그러면 재미있어야 할 SNS가 단 한 번 잘못 올린 글 때문에 친구를 잃고 자기 브랜드를 훼손하는 일이 발생한다.

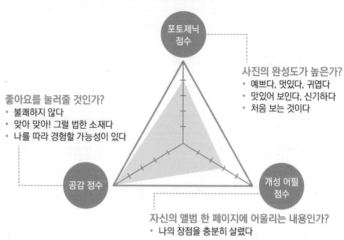

SNS 업로드 평가 차트

포토제닉
점수

사진의 완성도가 높은가?
* 예쁘다, 멋있다, 귀엽다
* 맛있어 보인다, 신기하다
* 처음 보는 것이다

좋아요를 눌러줄 것인가?
* 불쾌하지 않다
* 맞아 맞아! 그럴 법한 소재다
* 나를 따라 경험할 가능성이 있다

공감 점수

개성 어필
점수

자신의 앨범 한 페이지에 어울리는 내용인가?
* 나의 장점을 충분히 살렸다

만일의 사고를 방지한다는 의미에서 게시글을 올리기 전에 완성도를 체크할 수 있도록 평가 차트를 만들었다. SNS에 업로드하기 전 무엇이든 위의 차트에 내용을 대입해 확인해 보기를 바란다.

그러면 시험 삼아 몇 가지 사례를 들어 직접 평가해 보자.

먼저 '1인 숯불구이 전문점에 와 봤어!'라는 글의 사례다.

포토제닉 점수 4점

고기 1인분의 양은 대략 짐작할 수 있어 그다지 맛있어 보이는 사진을 기대하기는 어렵다. 하지만 '1인 숯불구이 집'에 가본 적이 없는 사람은 가게 내부가 어떤 모습인지 궁금할 것이다. 신기함에 점수가 가산된다.

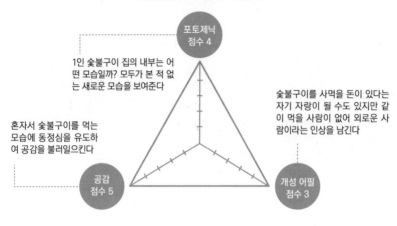

'1인 숯불구이 집에 와 봤어!'

포토제닉
점수 4

1인 숯불구이 집의 내부는 어
떤 모습일까? 모두가 본 적 없
는 새로운 모습을 보여준다

숯불구이를 사먹을 돈이 있다는
자기 자랑이 될 수도 있지만 같
이 먹을 사람이 없어 외로운 사
람이라는 인상을 남긴다

혼자서 숯불구이를 먹는
모습에 동정심을 유도하
여 공감을 불러일으킨다

공감
점수 5

개성 어필
점수 3

공감 점수 5점

혼자서 숯불구이 고기를 굽는 쓸쓸한 모습을 보여주면 동정심에 가까
운 공감을 유도할 수 있다.

개성 어필 점수 평균 3점

개성 어필 부분은 글을 올린 사람이 어느 방향으로 자기 브랜딩을 하
고 싶은지에 따라 달라진다. 혼자서 고기를 먹는 현실을 어필한다면 1점
이고 육식가로 고기를 좋아한다는 인상을 남기고 싶다면 5점이다.

그렇다면 글을 게시하기 위해 최소한 어느 정도의 점수가 필요할까.
총 10점 정도라면 좋겠다는 사람도 있고 13점 이상을 바란다는 사람도
있을 것이다. 혹시 주변에 개성 어필 점수가 5점이면 나머지는 신경 쓰지

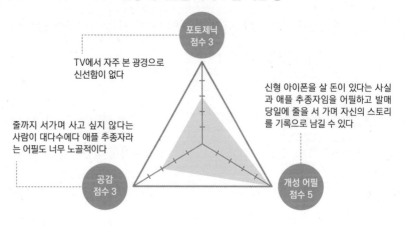

'신형 아이폰을 사려고 줄 서는 중'

포토제닉
점수 3

TV에서 자주 본 광경으로
신선함이 없다

신형 아이폰을 살 돈이 있다는 사실
과 애플 추종자임을 어필하고 발매
당일에 줄을 서 가며 자신의 스토리
를 기록으로 남길 수 있다

줄까지 서가며 사고 싶지 않다는
사람이 대다수에다 애플 추종자라
는 어필도 너무 노골적이다

공감
점수 3

개성 어필
점수 5

않는다는 듯 일상적인 업로드를 되풀이하는 사람은 없는가. 아마도 그는
틀림없이 주위에서 미움을 받는 사람일 것이다.

다른 사례를 들어 보자.

'신형 아이폰을 사려고 줄 서는 중'이라며 발매 당일 긴자의 애플 스토
어 모습을 올린 게시물은 어떨까.

포토제닉 점수 3점

제품이 발매될 때마다 애플 스토어 앞의 행렬은 TV에서 자주 봤던 광
경으로 이미 익숙하다.

공감 점수 3점

애플 팬이라면 공감하겠지만 애플 팬이 아닌 사람은 '이 추운 날씨에 저게 뭐라고 줄을 서' 생각할 것이다.

개성 어필 점수 5점

신형 아이폰 발매 당일에 줄을 섰다는 사실은 자신이 완전한 애플 팬임을 모두에게 공개한 것이다. 비록 단말기를 구매하지 못하더라도 자신의 스토리에 한 장의 기념사진이 남는다.

인스타그램을 위해 사는 사람들

SNS에 자주 글을 올리고 싶어 하는 사람들이 있다. 그런 사람들에게 추천하는 전략이 SNS 튜닝이다. 사소한 발상의 전환으로 SNS에 올릴 좋은 소재를 찾아낼 수 있다.

'일상생활에서 소재 찾기' 관점에서 '소재를 위해 행동하기'로 사고를 전환하는 일이다. 자세하게 설명하면, 하루의 일정을 인스타그램에 올릴 글을 위해 조정하는 것이다. 예를 들어 출장으로 쌓인 마일리지를 활용해 매년 연말에 해외여행을 떠나는 사람이 있다고 하자.

"마일리지로 떠나는 연례 연말 여행, 올해는 파리!"

SNS에 이런 글을 올리면 사람들은 어떤 반응을 보일까?

'마일리지가 그렇게나 많이 쌓이다니, 평소에 얼마나 해외를 나간 거

야? 잘난 척인가.'

　'연례? 파리? 대놓고 자랑질!'

　어쩌면 이렇게 격렬한 반발을 살지도 모른다. 물론 직접적으로 그렇게 신랄한 댓글을 달지는 않겠지만 '좋아요' 수가 현저하게 적은 것으로 공감하지 않는다는 사실이 여실히 드러난다. 이런 처사를 당하지 않도록 행선지나 교통수단으로 글의 내용을 살짝 비트는 것이다.

　'LCC 초저가! 주말 당일치기로 홍콩에 다녀오다!'

　이런 내용이면 어떨까?

　'홍콩 좋아요! 나도 가고 싶어요!'

　'LCC 저렴하죠! 나도 항상 이용해요!'

　'다음엔 같이 가자!'

　분명히 이렇게 커다란 공감을 얻을 것이다.

　이리하여 여행지는 당초 예정했던 파리에서 홍콩으로 변경되었지만 반드시 홍콩에 한정할 필요는 없다. 대만도 여행지 튜닝 후보로 훌륭하다. 이쯤 되면 '모든 인생을 인스타그램에 새겨야 하는가', '내 인생은 인스타그램을 위해서 사는가'와 같은 혼란이 발생한다.

　다른 사람과 소통하고 공감을 얻기 위한 수단인 SNS가 사람들의 사고나 행동까지도 변화시키는 사회현상이 되었다. 그래서 '인스타바에'가 유행어 대상을 차지했는지도 모른다.

　최근에는 인스타바에뿐 아니라 '인스타파리'라는 말도 생겨났다. 인터넷에 인스타파리를 검색하면 다양한 정의가 나오는데 그중에서 일부만 발췌해 보았다.

인스타파리는 최근 스마트폰을 매개로 기생하는 곤충에 비유한 말이다. 인스타파리의 증상은 다음과 같다.

- 실생활에서 마주하는 사람에게는 무관심하지만 인스타그램 속 사람들의 반응에 무척 신경을 쓴다.
- 피사체에 지나치게 집착하고 그 주위를 끝없이 맴돈다.
- 야간 수영장이나 디저트 옆에 무리를 이룬다.
- 먹기 힘든 기발한 음식을 좋아한다.
- 음식을 사서 사진을 찍지만 사진을 다 찍으면 쓰레기통에 버린다.

인스타파리는 이처럼 기이한 행동을 반복하는 것으로 알려져 있다.

인스타그램에 빠진 사람을 파리라고 부르는 것은 심한 비유긴 하지만 사진 명소를 찾아 헤매는 여성들을 노리고 만든 화려한 조명의 야간 수영장이 실제로 많은 사람을 끌어들여 선풍적인 인기를 얻은 것도 사실이다.

마케터는 앞으로 SNS를 제외하고는 마케팅 기획을 상상하지 못할 것이다. SNS에 올릴 새로운 소재를 갈구하는 대상을 찾아 그들을 끌어들이고 매출로 연결시키는 이른바 'SNS 인증 유도(구매 욕구를 높이는 방법 27)'라는 새로운 마케팅 기법이 필요해졌다.

사진 찍기 좋은 명소는 화려한 조명이 있는 야간 수영장처럼 판매자가 일부러 조성한 장소도 있지만 의도하지 않게 유명해진 곳도 있다. 예를 들면 일본에 몇 곳이나 있다고 알려진 고양이가 서식하는 섬, 고양이섬이 바로 그것이다. 특별히 고양이를 좋아하는 사람을 위해서 만든 '고양이랜드'가 아니라 그저 아무도 고양이에게 피임 수술을 해주지 않아 개체 수가 폭발적으로 늘어난 것뿐이다. 섬 전체가 고양이로 뒤덮인 풍경은 고양이 붐과 SNS 영향으로 단숨에 사진 명소가 되어 관광 자원으로 자리 잡았다.

그렇다면 고양이섬 이외에도 사진 찍기 좋은 곳은 어디일까?

페스티벌

각종 음악 페스티벌의 관객 동원 수는 해마다 늘어나고 있다. 새로운 페스티벌이 매년 생겨날 뿐만 아니라 '이름도 모르는 그런 시골에서 개최해도 괜찮을까?' 싶은 여러 페스티벌이 열리고 있다.

왜 페스티벌이 인기가 많을까? '우리 이렇게 즐거운 장소에 있어' 하고 SNS에 공유하고 싶은 사람들이 모여들기 때문이다. 또한 사진을 본 사람들 역시 페스티벌에 가면 공유할 소재가 생긴다는 사실에 그들을 따라 하고 싶은 욕구를 느낀다. 그래서 매년 참가자들이 눈덩이처럼 불어나는 것이다.

페스티벌은 음악 장르에 한정되지 않는다. 숯불구이, 태국 음식, 만두,

파르페와 같은 푸드 이벤트는 물론 고양이, 자전거, 코스프레 같은 다양한 장르의 페스티벌이 전국 각지에서 개최되고 있다.

여기에서 핵심은 페스티벌이라는 단어가 주는 매우 긍정적인 울림이다. 페스티벌이라는 단어를 행사 이름에 달기만 해도 공유 욕구에 목마른 사람들의 마음을 흔든다. 그들에게 페스티벌은 SNS에 공유할 소재를 만날지도 모른다는 들뜬 예감을 갖게 하는 것이다.

'무조건 페스티벌(구매 욕구를 높이는 방법 28)'이다. 만약 슈퍼마켓에서 지역 특산물 행사로 홋카이도 행사를 개최할 예정이라면 행사 이름을 이크라(연어나 송어의 알을 헤쳐서 소금물에 절인 식품-옮긴이) 페스티벌로 바꾸는 편이 훨씬 많은 고객을 끌어모을 수 있다. 그리고 '흘러넘치는 이크라' 같은 이름을 붙인 초밥을 판매하여 포토제닉 점수를 높이는 것도 하나의 방법이다.

근사한 플레이팅

'통통한 갈비'와 '흘러넘치는 이크라'의 연어나 송어의 알이 흘러넘치는 것도 사실은 모두 사진을 위한 것이다. 근사하게 담아내면 담아낼수록 사람들은 그것을 기쁘게 공유한다.

도쿄 긴시초의 숯불구이 가게 '돈쓰'는 가게 옆에 높이 솟은 634m의 도쿄 스카이 트리를 연상시키는 634mm의 '스카이 트리 안창살'이라는 메뉴를 개발했다. 60cm가 넘는 고깃덩어리에서 먹음직스러운 사진이 나오는 것은 물론 이것을 주문하려면 여러 명이 가야 한다는 점도 매력 포인트다. 그곳에 모인 사람 모두가 여럿이 즐겁게 숯불구이를 구워 먹는 생생한 장면을 공유하고 확산해 나가기 때문이다.

'과잉된 콘셉트(구매 욕구를 높이는 방법 29)'일수록 SNS용 사진은 더욱 살아난다.

단골 서비스

마음에 드는 음식점에 자주 찾아가 단골이 되면 일반 손님에게는 제공되지 않는 특별한 서비스를 받을 수 있다. 이러한 단골 특별 서비스는 개성 어필 점수를 높인다. 당연히 가게도 SNS를 통해 단골 서비스라는 정보가 확산된다는 사실을 알고 있다.

그런데 요즘 SNS에는 다양한 단골 서비스가 넘쳐난다. 가게의 단골손님 만들기 전략에 말려들었다는 사실을 깨달을 때도 있다. 어떤 음식점에서는 처음 간 날 바로 단골로 인정받은 적이 있다. 가게 주인에게서 "이번에 특별한 단골만 초대해서 코스 요리를 먹는 행사를 하는데 오시지 않을래요?" 하는 권유를 받았다. 너무 기뻐서 모임에 참석한 것은 물론 이후에도 몇 번이나 단골손님의 날에 맞춰 가게를 찾아갔다. 그런데 나중에 알고보니 그 가게는 한 사람도 남김없이 모든 고객을 단골로 인정하고 있었다. '모두가 단골(구매 욕구를 높이는 방법 30)'이라는 일종의 반칙 기술을 썼던 것이다.

인스타그래머들이 모이는 곳

'센베로'라는 말이 있다. 1,000엔으로 얼큰하게 취한다는 의미의 신조어로 술이나 안주가 아주 저렴한 가게 혹은 그곳에서 먹고 마시는 행위를 가리키는 말이다. 도쿄 근처라면 우에노, 아카바네, 신바시, 가마타, 오이마치, 기타센주, 다테이시, 노게 근처에 그런 곳이 많이 모여 있다. '싸게 조금 더 마시고 싶다'는 사람들이 자주 찾는 선술집으로 요즘 작은 붐을 일으키고 있다.

선술집의 주요 고객층은 아저씨다. 같은 중년이라도 땀 냄새를 폴폴 풍기는 아저씨와 깔끔한 신사의 이미지는 전혀 다르다. 깔끔한 신사가 긴자나 롯폰기, 아오야마, 니시아자부 근처에서 미식가인 여성에게 철판구이를 사고 있는 반면, 선술집 거리에 모여드는 아저씨는 좁은 공간에 서서 술을 마시며 큰소리로 떠들어댄다. 서로 어깨를 부딪쳐가며 곱창 안주에 매실 소주(소주에 몇 방울의 매실청을 떨어뜨린 술)를 즐긴다.

이처럼 평범한 아저씨들의 성지인 선술집 거리에 지금 이변이 일어나고 있다. 거리는 한 손에 핸드폰을 든 젊은 여성들로 북적이고 있다.

왜 센베로 선술집은 인스타그램의 소재로 인기가 높을까?

TV 특집 방송에 선술집이 모여 있는 아사쿠사 홋피 거리에서 평일 대낮부터 술을 마시는 낮술 여성이 등장했다. 평일 대낮의 술은 인생 낙오자의 전

매특허나 다름없었다. '낮술' 하면 직업이 불명확한 아저씨들이 고함을 지르며 갈지자걸음으로 어슬렁거리는 그런 나쁜 이미지밖에 없었다.

인터뷰에 응한 낮술 여성은 매주 화요일이 휴무인 헤어 디자이너로 친구들이 일하는 낮에 술 마시는 모습을 인스타그램에 공유하며 만족감을 느끼는 중이라고 했다. 또 다른 젊은 여성은 인스타그램을 보고 멀리 다른 지방에서 일부러 찾아왔다고 했다. 아무래도 인스타그램이 이곳에 젊은 세대를 끌어들이는 것 같다.

달라 보이려는 인스타그래머에게 통하는 교만 마케팅

달라 보이고 싶은 욕구를 자극하라

낡고 오래된 선술집에 '아름다움'이나 '귀여움'을 기대하기는 어렵다. 하지만 신기하다는 점에서 보면 합격이다. 왜냐하면 아저씨들에게는 너무도 당연한 풍경이지만 젊은 여성들에게는 아주 희귀한 광경이기 때문이다. 예를 들어 시타마치 선술집의 명물인 희끄무레한 사탕 빛깔을 내는 '소주 하이볼'은 평범한 술집에서는 찾아볼 수 없다. 또한 혀나 염통은 먹어봤어도 비장이나 내장지방, 오징어 연골과 같은 메뉴는 처음 본 사람이 대부분일 것이다.

다음으로 공감 점수는 어떨까? 이것은 만점이다. 누구라도 따라 할 수 있는 대중적인 가격과 메뉴에 비난할 요소는 없다. "센베로 선술집에 다녀왔어", "앗, 나도 가고 싶은데. 다음엔 같이 가자!" 하는 공감을 쉽게 얻을 수 있다. 따라서 '좋아요' 수도 급격하게 늘어날 것이 분명하다.

문제는 개성 어필 점수다. 저렴한 선술집에서 술을 마시는 일이 과연 개성 어필에 도움이 될까? 여기서 나는 여성들의 촬영 테크닉에 주목했다. 그것은 바로 대비 효과다. 사진을 찍을 때 얼굴이 작아 보이게 촬영하는 기법이 있다. 바로 얼굴이 큰 친구와 나란히 사진을 찍는 것이다. 만약 친구의 얼굴이 크지 않다면 셔터를 누르는 순간에 자신의 얼굴을 살짝 뒤로 빼면 원근법으로 작은 얼굴을 연출할 수 있다.

대비 효과는 사진뿐 아니라 다양한 곳에 사용된다. 남녀 간의 미팅도 그렇다. 모임을 주선하는 여성이 자신보다 예쁜 사람은 절대로 데려오지 않는다는 말이 있다. 당연히 대비 효과를 노리기 때문이다. 자신의 아름다움이나 귀여움을 강조하기 위해 '주위에 평범한 사람을 배치하면 자신의 아름다움이 더욱더 돋보인다'는 계산이 심리적으로 작용했을지도 모른다.

그래서 젊은 여성들이 아저씨들로 복작거리는 '시타마치의 저렴한 선술집에 레츠고!' 아이디어를 떠올린 것도 그다지 놀랍지 않다. 대비 효과의 법칙을 따르면 SNS에 올리는 사진 배경에는 아저씨가 찍혀 있는 것이 한층 유리하다. 가게의 벽에 걸린 메뉴 팻말 역시 담뱃진으로 얼룩져 판독이 불가능하면 더 좋다.

대기 줄이 없어질 때까지 가격은 계속 오른다

정말로 낮술 여성들은 그곳의 터줏대감인 아저씨들과 어깨를 나란히 하고 술잔을 기울이고 있을까. 그런 광경이 보고 싶어 친구와 아사쿠사의 홋피 거리에 나가 보았다.

도착한 시간은 늦은 오후였다. 가장 먼저 눈에 들어온 것은 수많은 외국인 관광객이었다. 어느 가게든지 내부 절반은 개방된 상태로 대로변에 테이블과 의자를 꺼내 놓고 장사하고 있었는데, 그 모습이 일본의 전통적인 선술집 거리 분위기를 한껏 자아내고 있었다. 외국인들은 이런 풍경을 아주 좋아한다. "Amazing!"을 외치며 기쁘게 사진을 찍고 있었다.

젊은 남녀 그룹도 드문드문 눈에 띄었다.

'여자가 모이는 곳에 남자도 모여든다.'

그런 법칙이 여기서도 증명되었다. 가게 안에는 젊은 여성들을 둘러싸고 술이 아니라 일반 음료를 마시는 남자들의 모습도 포착되었다.

그렇게 돌아다니다가 문득 어떤 사실을 깨달았다. 아무리 눈을 씻고 찾아봐도 이곳의 터줏대감인 아저씨들이 보이지 않았다. 언제 어디서 샀는지도 모르는 헐렁한 남색 점퍼에 양손을 찌르고 어슬렁대던 아저씨들은 도대체 어디로 사라진 것일까? 이상하다고 생각하며 걷다가 홋피 거리의 한가운데에 자리한 선술집에 들어가서야 그 이유를 알게 되었다.

생맥주 700엔?! 가격이 비정상적으로 올라 있었다. 시타마치의 선술집에서는 절대로 찾아볼 수 없는 가격이다. 이제 이곳은 더 이상 저렴한 선술집 거리가 아니다. 여기에 찾아와 술을 마시는 사람은 일본의 시세를 모르는 외국인이나 생맥주의 시세를 모르는 대학생 정도일 것이다.

메뉴판에서 카시스 우롱차를 발견하고 아사쿠사의 홋피 거리는 이제 사진발로 고객들의 마음을 움직이는 곳이라고 확신했다. 거리의 대상층이 바뀐 것이다. 설 자리를 잃은 아저씨들은 이곳에서 술 마시는 일을 포기하고 다른 선술집 거리로 떠나갔다. SNS에 올리기 좋은 사진을 찾아 헤매는 사람들이 결국 그들을 몰아낸 것이다.

아사쿠사에만 한정된 이야기가 아니다. 가격을 올려도 손님이 계속 찾아오면 끊임없이 가격을 조금씩 더 올리는 곳이 있다.

'손님이 계속 찾아오니 값을 조금씩 올려도 괜찮겠지.'

처음에는 저렴하고 대중적인 분위기의 가게가 어느새 비싼 고급 가게 수준으로 가격을 올린다. 이것을 '교만 마케팅(구매 욕구를 높이는 방법 31)'이라고 부른다.

도쿄의 어느 가게에서 파는 '동그란 멘치카츠(다진 고기나 양파 등을 반죽해서 빵가루를 입힌 튀김-옮긴이)'는 사람들이 매일 줄을 서서 사 먹는 것으로 유명하다. 몇 년 만에 찾아가 줄을 서 봤는데 가게 앞에 내걸린 가격표를 보고 그만 말을 잃고 말았다.

한 개 180엔이었던 멘치카츠가 240엔?! 원재료 값이 급등하여 가격을 올렸다고 하는데 인터넷으로 확인해 보니 지난 몇 년 동안 20엔씩 서서히 가격을 올린 정황이 드러났다. 값을 올리고 손님들의 반응을 지켜본다. 여전히 가게 앞에 사람들이 줄 서는 것을 확인하면 또다시 가격을 올린다. 이 가게는 교만 마케팅의 전형적인 사례로 볼 수 있다.

내가 판매자여도 그들처럼 교만해지지 않을까? 수요가 공급을 넘어선

다는 사실을 증명하는 대기 줄이 없어지지 않는 한, 그것이 끊어질 때까지 계속 가격을 올리는 것도 장사의 방법이다. '서민의 배를 채우는 멘치카츠인데 이 가격이 웬 말인가'라는 비난이 나오든 말든 그런 소리에 일일이 귀 기울이지 않는다.

이 가게의 멘치카츠는 얼마까지 오를까? 주목할 만한 교만 마케팅의 대표 사례로 인정하고 앞으로도 계속 가게를 시찰할 예정이다.

누구든 할 것 같지만 아무도 시도하지 않은 아이디어

도쿄의 아카바네 일번가라는 상점가에 유명한 어묵가게가 있다. 부추와 참깨가 들어간 '스태미나 튀김'이라는 생소한 어묵과 수산청 장관상을 받았다는 말랑말랑한 '한펜(다진 생선살에 여러 재료를 갈아 넣고 반달형으로 쪄서 굳힌 식품-옮긴이)'이 인기다.

어떤 어묵을 먹어도 모두 맛있지만 사실 이 가게의 명물은 마지막 술잔에 육수를 부어주는 특별 서비스다. 술자리가 거의 끝나갈 무렵, 술잔에 약 5분의 1 정도의 술을 남겨 주방 앞으로 가져가면 거기에 따뜻한 어묵 육수를 부어준다. 누구라도 홀딱 반할 만큼 아주 훌륭한 맛이다. 이것으로 마무리하고 싶어 일부러 찾아오는 손님도 많다. 술잔에 어묵 육수를 더한 아주 간단한 음료지만 이것을 마실 때마다 '누구든 할 것 같지만 아무도 시도하지 않은 아이디어'가 세상에는 아직도 많이 남아 있다는 사실을 실감한다.

가게 주인도 어묵 육수를 더한 막잔이 이곳의 USP Unique Selling Ping 라는 점을 알고 있는 듯하다.

"막잔에 넣을 육수를 주문할 때는 줄을 서지 않아도 됩니다!"

이와 같은 예외 조치가 있다. 막잔에 육수를 부탁하면 주인은 국자를 어깨보다 살짝 높이 들어 올려 술잔에 육수를 가득 쏟아붓는다. 퍼포먼스를 보는 누구든 '이곳에서 막잔에 육수를 부탁하지 않으면 손해'라고 생각할 것이다. 화제가 되는 정보에 민감한 인스타그래머들도 이것을 놓칠 리가 없다.

며칠 전에도 이곳에서 막잔으로 육수를 부어 마시고 있었더니 앞자리에 앉아 있던 여성 두 명이 말을 걸어 왔다.

"죄송한데요. 그거 육수를 더한 막잔이죠? 사진 좀 찍어도 될까요?"

흔쾌히 허락하자 여러 각도에서 찰칵찰칵 사진을 찍으며 한 가지 더 부탁을 해왔다.

"사실 저희가 술을 잘 못 마셔요. 그런데 어떤 맛인지 알고 싶어서…… 살짝 맛만 보면 안 될까요?"

거절할 이유가 전혀 없어 그러라고 했다. 두 여성은 조심스레 술잔을 들고 홀짝거리기 시작했다. 어묵 육수라고 해도 기본적으로 술이 들어 있기 때문에 당연히 술 냄새가 풀풀 풍긴다.

'술을 못 마시는 사람이라면 이것을 맛있다고 느낄 수가 없을 텐데' 생각하며 가만히 지켜보았다. 아니나 다를까 입에 맞지 않는지 살짝 찌푸린 표정을 짓고 있었다. 곧이어 "맛있었습니다. 감사해요"라는 인사를 남기고 조용히 자리로 돌아갔다.

그들은 사진 외에도 반드시 입수해야만 하는 정보가 있다. 그것은 바로 '맛'이다. 술은 못 마시지만 아카바네에 입성한 이상 어묵가게의 육수를 더한 술을 자신의 스토리에 남겨야 한다. 그래서 모르는 사람에게 부탁해서라도 한입만 시음해 본다. 그렇게까지 해서 업로드하고 싶은 어묵 육수를 더한 막잔은 어떤 모습으로 그려질까. 상상력을 더해 검증해 보자.

- 한 컵 술잔에 어묵 육수가 섞인 비주얼의 신기함(포토제닉 점수 5점)
- 맛있겠다! 나도 아카바네에 가면 마셔 볼래! 하는 공감을 유도(공감 점수 5점)
- 술은 못 마시지만 옆자리 아저씨한테 부탁해 맛을 봄(개성 어필 점수 5점)

총점 15점. 선술집 거리에도 어마어마한 눈이 내리고 있다. 그들은 인스타그램에 올릴 최고의 소재를 손에 넣은 것이 분명하다.

요즘 아카바네 일번가를 찾아오는 대상도 많이 달라졌다. 젊은 여성 회사원들이 2차나 3차로 술을 마시러 오거나 연인들의 데이트 장소로도 평판이 좋다. 저렴한 선술집 붐이 확실하게 정착했다는 사실을 알 수 있다.

이렇게 되면 아카바네의 가게들도 교만 마케팅을 시작한다. 저렴하지만 지저분했던 술집 외관은 젊은 여성들이 쉽게 들어올 수 있도록 리모델링하고 동시에 모든 메뉴의 가격을 일제히 올린다. 아저씨 이외에는 주문할 리가 없는 '말 생간 육회'가 두 눈이 튀어나올 정도로 비쌌다. 이유는 대략 짐작이 간다. 인스타그램에서 빛을 발하기 때문이다.

그리고 마침내 내가 두려워하던 일이 생겼다. 어묵가게의 육수를 더한 막잔이 50엔으로 유료화된 것이다. 단골 술꾼에게 어묵 육수를 더한 막잔은 이곳을 찾는 최고의 즐거움이었다. 그것이 유료라니, 술꾼들이 입은 피해는 정말 이루 헤아릴 수 없을 정도다. 이유가 무엇일까? 원재료 값의 급등일까? 아니, 한 컵의 3분의 2 정도인 육수가 50엔이나 할 리가 없다.

원인은 아마도 육수를 더한 막잔이 SNS에서 엄청난 인기를 끌며 끝없이 늘어선 손님들의 행렬이다. 그들이 유료화하라고 가게 주인의 등을 떠민 것이다. 쓸쓸해하면서도 늘 그렇듯이 육수를 더한 막잔의 깊은 맛을 음미하고 있었다. 그때 뒷자리에서 이런 소리가 들렸다.

"앗! 여기 육수를 섞은 막잔 술을 팔아. 50엔이래!"

인스타그래머들은 오늘도 어김없이 어묵 육수를 더한 술을 찾아 왔다. 인스타그램을 빛낼 최고의 피사체를 단돈 50엔으로 획득할 수 있다면 그건 분명 저렴한 값이다.

공짜에는 공짜가 없다

세상에는 공짜가 넘쳐난다. 하지만 공짜가 공짜로 끝나는 일은 절대로 없다. 판매자는 무료라는 먹이로 고객을 유인한 후에 반드시 거기에 걸맞은 대가를 치르게 한다. 공짜에는 분명 우리가 알 수 없는 위험이 도사리고 있다. 예를 들어 칼럼 3에서 소개된 스마트폰 단말기의 요금 플랜을 떠올려 보자.

단말기 공짜의 대가=비싼 기본료×24개월분+해약할 수 없는 불편함

또 다른 공짜의 사례로 신용카드 마케팅과 식품매장의 시식 마케팅을 살펴보도록 하겠다.

1. 연회비가 무료인 신용카드

가입하기만 하면 5,000엔의 포인트를 주거나 쇼핑할 때마다 1%가 포인트로 쌓인다. 만약 연간 약 20만 엔을 카드로 결제하면 2,000엔을 획득할 수 있다. 이러한 신용카드는 도대체 어디에서 어떤 대가를 치러야 할까.

신용카드의 대가는 역시 쇼핑양의 증가다. 우리가 카드로 결제할 때마다 가

맹점은 카드 회사에 3~7% 정도의 수수료를 낸다. 그렇게 많은 수수료를 내면서까지 왜 가맹점은 신용카드를 도입할까? 카드를 도입하면 수수료 이상으로 판매량이 증가하기 때문이다. 옥션에서 스포츠 관람 티켓을 사는 실험을 한 결과, 카드로 결제한 그룹이 현금으로 결제한 그룹보다 60~200% 비싼 가격으로 샀다고 한다.

심리학자인 리처드 하인버그는 이런 실험을 했다. 어떤 제품을 테이블 위에 올려놓고 두 그룹으로 나누어 "당신은 이 제품이 얼마라면 사겠습니까?" 하고 구체적인 금액을 물어보았다. 한쪽 그룹에는 테이블에 아무것도 없는 상태로 제품만 올려놓고, 다른 그룹에는 제품을 놓은 테이블 구석에 마스터카드의 로고가 살짝 보이도록 했다. 그리고 "그것은 다른 실험에 사용할 것이니까 상관없다"고 전하며 금액을 물었다. 그랬더니 마스터카드의 로고를 본 그룹이 보지 않은 그룹보다 눈앞의 제품을 50%나 비싸게 불렀다고 한다. 다시 말해 신용카드 회사의 로고만 보고도 구매 의욕이 높아진 것이다.

신용카드 결제는 단기 부채다. 카드 사용에 익숙해지면 카드 회사의 리볼빙이나 카드 대출처럼 높은 이자의 대출 서비스에도 저항감이 없어진다. 카드 대금을 갚지 못하면 대출의 문을 두드리게 되고 그러다 결국 암흑의 세계인 불법 금융업자의 부채 지옥에 빠질지도 모른다.

2. 시식 판매

제품을 잘 파는 시식 판매원이 고객에게 반드시 하는 질문이 무엇인지 알고 있는가? 그것은 시식한 고객에게 평가를 구하는 일이다.

"어떠세요?"라고 물었는데 "맛없어요"라고 대답하기는 어렵다. 아마도 "꽤 맛있네요"라고 대답할 것이다.

대답을 확인한 시식 판매원은 빈틈을 주지 않고 바로 말을 이어나간다.

"그렇죠! 저도 이게 엄청 맛있더라고요. 우리 집 애들한테도 먹이고 있어요! 태즈메이니아산이라 아주 부드러운 것이 특징이고……."

이런 설명을 계속하다가 마지막에 "한 개 어떠세요?" 한마디를 던진다. 그 단계에서는 이미 거절하기가 어렵다. 조금 전까지 "맛있네요"라고 말해 놓고 침도 마르기 전에 "안 살래요"라며 거절하기가 쉽지 않다. 사지 않으면 나쁜 사람이 된다는 찜찜한 기분이 든다.

사실 이것은 일관성이라는 심리를 교묘하게 활용한 고객 응대의 기본법칙이다. 사람은 누구나 합리적으로 보이고 싶다는 욕망을 가지고 있다. 시식 판매원이라는 완전한 타인에게조차 일관성 없는 사람으로 기억되고 싶지 않아 하는 것이다.

공짜보다 비싼 것은 없다는 이야기를 사례를 통해 간단히 소개했다.

Marketing

사게
만드는
법칙

제6장

사야 할 것 같은
분위기를 만드는 마케팅

공포감을 통해 사게 하는 법

공포감을 이용해 구매 욕구를 자극하라

'지금까지 정말 잘 샀다고 생각하는 인생 제품 베스트 3은 무엇입니까'라는 질문을 받으면 어떻게 대답할 것인가?

나는 망설임 없이 로봇청소기 룸바를 제일 먼저 꼽을 것이다. 룸바를 산 사람이라면 누구든 이 사실을 깨닫게 된다.

"룸바를 사는 일은 인생을 사는 것!"

우리는 얼마나 많은 시간을 청소기를 돌리는 데 소비하고 있을까. 요즘 눈부신 과학 기술의 발전으로 AI, IoT(사물인터넷)와 같은 생활형 로봇이 주목받고 있다. 하지만 인류의 생활의 질 향상에 직접적으로 공헌한 로봇은 룸바뿐일 것이다. 룸바는 내가 출근해 있는 동안 정해진 시간에 완벽하게 청소를 끝내고 다시 제자리로 돌아가 충전을 시작한다. 바닥은 먼지 하나 없이 깨끗하다. 룸바는 마치 성실한 입주 가정부 한 명을 집에 들인 것과 같다.

룸바를 맹신하는 나는 그 매력을 전하는 전도사기도 했다. 룸바에 조금이라도 관심을 보이는 사람을 발견하면 항상 이렇게 권유했다.

"룸바는 청소기가 아닙니다. 왜냐하면 룸바가 있으면 청소가 필요 없으니까요. 청소하지 않아도 되는 기계죠. '시간 제조기'라고 불러도 좋을 겁니다. 룸바를 사는 순간부터 행복의 시작이죠. 다른 브랜드를 선택하는 그런 사람들을 도무지 이해할 수가 없어요."

다이슨 청소기의 '하얀 가루' 공포 마케팅

어느 날 내 눈에 다이슨 청소기가 들어왔다. 사실 처음 다이슨이 판매되기 시작했을 때, 새로운 제품을 좋아하는 얼리어답터들에게 멋진 디자인으로 승부하는 가전 중 하나라고 생각했다. 하지만 시간이 흘러도 흡입력이 변하지 않는 유일한 청소기라는 내용의 TV 광고 덕분인지 다이슨은 청소기의 주요 브랜드로 자리 잡았다. 최근에 다이슨은 룸바와 같은 로봇 청소기 제품도 발표했다.

다이슨이 기세 좋게 세력을 넓혀가는 것을 지켜보며 왜 그렇게 인기가 많은지 조사하다가 우연히 유튜브에서 눈에 띄는 동영상 하나를 발견했다. 유명한 유튜버인 카주 씨가 이런 제목의 동영상을 하나 올렸다.

'주의! 다이슨으로 이불을 청소하면 이렇게 된다.'

'평소에 사용하는 이불 패드를 다이슨으로 청소하면 얼마나 많은 먼지를 빨아들일까' 하는 것이 동영상의 기획 의도였다. 다이슨의 흡입력이 정말로 대단한지 그 실력을 한번 검증해 보자는 의도였다.

이불 양면을 핸디 타입의 다이슨으로 가볍게 빨아들이자 금세 놀라울 정도로 많은 양의 먼지가 쌓였다. 그리고 그가 결과를 발표하며 말한 하나의 키워드가 계속 마음에 걸렸다.

"여러분, 먼지가 이렇게나 많이 쌓였습니다! 소문이 무성한 화제의 하얀 가루도 눈에 띄네요!"

화제의 하얀 가루? 이것이 과연 무엇일까. 호기심에 '다이슨 하얀 가루'로 인터넷을 검색해 보니 '우리 집에도 하얀 가루가 대량 검출!', '하얀 가루의 정체가 무서워!' 같은 사용자들의 목소리가 수없이 올라와 있었다.

다이슨 홈페이지에는 청소기로 흡입한 먼지가 수북하게 쌓여 있는 사진이 걸려 있었다. 이 먼지의 정체는 도대체 무엇일까? 현미경으로 확대한 일러스트도 있었는데, 진드기와 곰팡이 등이 매우 징그럽게 그려져 있었다. 애니메이션 영상으로는 다이슨이 빨아들인 집 안 먼지의 성분, 즉 하얀 가루의 정체를 상세하게 설명했다.

"집 안을 청소할 때 나오는 먼지는…… 조금 더 가까이에서 살펴보세요. 실은 벗겨진 사람의 피부입니다. 사람의 피부는 낮에 1g, 밤에 2~3g이 벗겨져 떨어집니다. 일주일에 약 28g, 다시 말해 감자칩 한 봉지 분량!"

다이슨이 빨아들이는 하얀 가루의 정체는 사람의 피부라고 알리는 영상이었다. 감자칩 봉지 하나가 약 28g 정도인데, 우리는 그만큼의 피부 껍질을 매주 침대나 카펫에 떨어뜨리고 있다는 것이다.

"바닥에 떨어진 피부는 진드기의 먹이가 되고……(진드기가 우걱우걱 피부 껍질을 먹는다) 피부 껍질을 먹은 진드기는 하루에 20회 이상 똥을 배출합니다(대량의 똥이 굴러다닌다)."

흘린 음식을 먹지 않는 집 진드기는 무엇을 먹고 살까? 그 의문이 단번에 풀렸다. 진드기의 먹이는 집 안에 떨어진 사람의 피부 껍질이었던 것이다. 동영상에서는 진드기가 굶지 않고 날마다 성장해 개체 수를 늘려 결과적으로 카펫 1제곱미터에 최대 1,000마리나 존재한다고 설명했다. 그 진드기가 여기저기에 하루에 20번이나 똥을 배출한다고 생각하니 정말 견딜 수가 없었다.

영상에서는 알레르기 질환이 생기는 이유도 설명했다.

우리가 침대나 소파에 앉을 때 생기는 진동으로 진드기의 사체나 똥이 공중에

날아올라 30분 이상 떠다닙니다. 사람이 그것을 들이마시면 천식 같은 알레르기 증세가 발생하죠.

동영상이 끝나자 숨 쉬는 것조차 겁이 났다. 숨을 멈추고 집 밖으로 뛰쳐나와 그대로 가전 매장으로 달려갔다. 내 마음에 눈이 내린 순간이다. 열렬한 룸바 광신도가 다이슨을 사기로 결정했다.

다이슨 청소기는 가전 매장의 가장 눈에 띄는 곳에 넓은 자리를 차지하고 있었다. TV 광고로 익숙한 흡입력을 확인할 수 있도록 시제품이 몇 대나 전시되어 있었고, 흡입력을 강조하는 POP는 물론 모니터로 동영상도 쉼 없이 흘러나왔다.

"저런 동영상을 보면 누구라도 다이슨으로 빨려 들어가겠지. 도대체 얼마나 흡입력이 강한 거야……"라고 중얼거리며 유튜브에서 본 핸디 타입을 손에 들었다. 유튜버의 동영상에서 본 것처럼 당장 오늘 밤에 침대에 있을 엄청난 진드기를 한 마리도 남김없이 청소기로 빨아들일 생각이었다.

그때까지 침대의 침구 청소는 가끔 시트를 교환하는 정도로 괜찮다고 여겨왔다. 하지만 하얀 가루의 정체를 알아버린 이상, 침대 청소에 다이슨 이외의 선택지는 아무것도 남아 있지 않았다. 지금 생각해 보면 꼭 다이슨이 아니더라도 하얀 가루를 빨아들일 제품이 있었을 것이다. 그런데 그때는 하얀 가루를 빨아들이는 것은 흡입력이 강한 다이슨뿐이라고 생각했다.

다이슨 vs 침구 청소기

다이슨을 사기로 결정했지만 그래도 살짝 신경 쓰이는 후보가 하나 있었다. 침구 전용 청소기였다. 침구 청소기 매장은 다이슨의 바로 옆이었다. 침구 청소기의 두 가지 기능에 마음이 흔들렸다. 하나는 UV 살균 램프고 다른 하나는 파워 진동이었다. 모두 다이슨에는 없는 기능이다.

UV 램프로 진드기를 쐬어 약하게 만들고 팡팡 때리는 파워 진동으로 표면에 끌어올려 단숨에 빨아들인다. 진드기를 박멸하겠다는 목적을 생각하면 어쩌면 침구 청소기가 더 낫겠다는 생각도 들었다.

이 생각을 읽었는지 다이슨 매장의 모니터에는 또 다른 충격적인 영상이 흘러나왔다. 매트리스 내부에 살고 있는 진드기가 아주 생생하게 그려진 애니메이션이었다. 보기만 해도 온몸이 가려워지는 것 같은 진드기들이 매트리스 속의 어두운 공간에서 어슬렁어슬렁 기어 다니고 있었다. 제목을 붙인다면 '매트리스 아래의 진드기 왕국'일 것이다. 거기에 여성의 내레이션이 더해졌다.

"침구 청소기에 탑재된 UV 램프는 과연 효과가 있을까요? 진드기를 죽이려면 60초 이상 직접 빛을 쐬어야 하는데 더블 침대라면 8시간 이상 쐬어야 한다는 계산이 나옵니다. 더구나 UV 램프의 빛은 화장지 한 장의 두께로도 차단되기 때문에 진드기에게까지 닿지 않을 가능성도 있습니다."

어둑어둑한 진드기 왕국에서 천천히 움직이는 진드기들의 머리 위로 갑자기 UV 램프의 광선이 쏟아졌다. 하지만 마치 부드러운 아침 햇살을 받은 듯 진드기들은 꿈쩍도 하지 않고 표정 하나 바꾸지 않은 채로 유유히 계속 걷는다.

계속해서 침구 청소기의 파워 진동에 대한 지적이 이어진다.

"침구 청소기에 탑재된 파워 진동은 과연 효과가 있을까요? 진드기는 침대나 이불 내부의 섬유에 열쇠 모양의 다리로 꽉 달라붙어 있어 진동으로 끌어올리기가 어렵습니다."

이번에는 진드기들이 매트리스의 섬유 기둥을 잡고 천천히 기어오르는 장면이 등장했다. 그때 침구 청소기의 진동 기능이 작동했다. 진드기 왕국에 대지진이 발생해 벽과 섬유 기둥이 격렬하게 흔들린다. 하지만 진드기들은 열쇠 모양의 다리로 섬유 기둥에 필사적으로 매달려서 버티고 있었다. 흔들림이 진정되면 진드기들은 아무 일도 없었다는 듯이 다시 천천히 섬유 기둥을 기어오르기 시작한다. UV 램프에도 진동에도 진드기들은 미동조차 하지 않았다.

룸바 광신도가 다이슨 청소기를 사게 만든 다이슨의 구매 욕구를 높인 방법에는 도대체 무엇이 있었을까?

→ 다이슨 청소기에 쌓인 하얀 가루의 정체(사람의 피부 껍질)를 보여준다.

→ 사람의 피부 껍질을 먹고 대량의 똥을 배출하는 진드기의 생태를 보여준다.

→ 떠다니는 진드기의 똥 때문에 알레르기 질환에 걸린 모습을 보여준다.

→ 매트리스 속에 있는 진드기 왕국의 실태를 보여준다.

사람의 육안으로는 확인할 수 없는 마이크로 세계에서 느끼는 '세균의 공포', 그것을 명확하게 보여 주는 테크닉을 '가시화 전략(구매 욕구를 높이는 방법 32)'이라고 부른다.

가시화 전략도 똑똑한 마케팅의 기본 중 하나다.

스마트폰 전용 휴지가 등장한 이유

뒤늦게 깨닫는 혐오감을 이용하라

NTT도코모는 나리타공항의 화장실에 스마트폰 전용 휴지를 설치했다. 일본을 찾아와 준 외국인에게 감사의 마음을 표현하는 접대의 일환이라고 한다.

왜 스마트폰을 전용 휴지로 닦아야 할까? 스마트폰의 화면이 매우 더럽기 때문이다. 인터넷을 검색해 보면 금방 알 수 있듯이 스마트폰의 화면은 잡균투성이로 변기의 5배나 지저분하다고 알려져 있다. 여러 사물을 만진 손으로 온종일 스마트폰을 사용하고, 기계의 자체 발열로 인해 표면이 항상 고온으로 유지되는 사실만 놓고 보아도 잡균이 번식하기 쉬운 장소라는 것은 쉽게 이해할 수 있다.

스마트폰은 정말로 변기보다 더러울까? 〈일간 SPA!〉는 현장 검증의 일환으로 위생 상태를 측정하는 도구인 루미테스터를 사용하여 다양한 것을 측정해 왔다. 음식점 등에서 일하는 일반 종업원의 손은 1,500 이하, 도마는 500 이하일 때 깨끗하다는 평가를 받는다.

검사 결과는 다음의 표와 같다. 스마트폰은 정말로 변기의 5배 이상 더럽다는 사실이 확인되었다. 무엇보다 놀란 것은 PC방의 키보드다. 숫자만 놓고 보면 세균의 소굴 그 자체다. 이러한 결과를 보고 나면 PC방을 자주 이용하는 사람은 이제 살균제 없는 PC를 사용하기 어려울 것이다. 키보드 위에 세균이 득실득실한 광경이 머릿속에 생생히 떠오르기 때문이다.

우리는 왜 눈에 보이지도 않는 세균을 이렇게 무서워하는 것일까? TV 광고 등에서 본 대량의 세균 영상 때문이다. 식탁보나 설거지 수세미, 소파, 마룻바닥 관련 기업들은 제균, 살균의 필요성을 주장하기 위해 일상생활의 다양한 장소에 숨어 있는 세균의 모습을 가시화해 왔다.

루미테스터 검사치 결과
(수치가 높을수록 더러운 것이다)

편집부의 화장실 변기	753
술집의 화장실 변기	152
스마트폰	3,844
버스 손잡이	1,813
PC방 자리	4,439
PC방 키보드	1만 6,908

변기의 약 **5**배

변기의 약 **22**배

우리는 왜 변기가 불결하다고 생각할까? 변기 살균제가 처음 개발되었을 당시 제품을 판매하기 위해 제작한 세균투성이의 변기 이미지가 아직도 머릿속에 그대로 남아 있기 때문이다.

더러운 것을 보았을 때 느끼는 강렬한 혐오감은 어디에서 오는 것일까? 분명 우리들은 더러운 것으로부터 발생한 전염병에 시달려 온 역사가 있다. 그 역사 속에서 더러운 것을 보면 본능적으로 공포심을 느끼게 되었을 것이다.

예를 들면 모두가 싫어하는 벌레인 'G'가 병원균을 퍼뜨리는 불결한 존재라고 하자. 만약 G를 보아도 혐오감을 느끼지 않는 사람이 있다면 그는 병에 걸려 죽을지도 모른다. 우리 조상들은 G를 보면 혐오감을 느낀 사람들이었다. 그것이 우리의 DNA에 그대로 남아 G를 보고 느끼는 공포심이 선천적으로 타고난 것은 아닐까?

그러나 이 가설은 틀린 듯하다. 어느 TV 프로그램에서 '홋카이도 사람들은 G를 무서워하지 않는다는 소문이 있는데 정말인가'를 주제로 그것을 검증해 보자는 기획 방송이 있었다. 사실 홋카이도는 추워서 G가 서식하지 않는 지역이다. 그래서 살충제 관련 TV 광고도 없고 화제가 되는 일도 없다.

방송에서 곤충 상자에 든 G를 홋카이도 사람들의 눈앞에 내밀자, 대부분이 G를 흥미진진하게 바라보았다. "뭐지, 이 곤충은?", "장수풍뎅이 아닙니까?", "사진 찍어도 돼요?" 하며 무서워하는 모습을 전혀 보이지 않았다.

결국 이것은 우리의 혐오감이 후천적으로 만들어진 것이라는 사실을 증명한다. 어디서 본 경험이 있고 불결하다는 정보가 반복적으로 뇌에 입력된 결과로 혐오감이 생겨난 것이다.

타이어는 가족의 생명을 지킨다

며칠 전에 스터드리스 타이어를 사기 위해 타이어 판매 전문점에 갔다.

브리지스톤의 '블리작'은 얼음 위에서도 강력한 제동력이 특징이다. 하지만 가격이 무척 비쌌다. 최상위급 모델은 다른 회사 제품과 비교하여 거의 1만 엔 정도나 차이가 났다. 그런데도 눈이 많은 홋카이도에서는 자동차 2대 중 1대가 블리작 타이어를 쓴다니 얼마나 인기가 높은지 알 수 있다. 판매자는 타이어 교체를 원하는 손님에게 어떤 방식으로 블리작 타이어를 판매할까?

나는 우선 블리작 타이어가 비싸다는 점을 이야기했다.

"기능이 훌륭하다는 점은 잘 알겠습니다만 아무래도 가격이 너무 비싸니까요. 다른 것보다 1만 엔 이상이나 더 비싸니······."

그러자 판매원은 즉각 응수하는 화법으로 설득하기 시작했다. 아마도 가격이 비싸 망설이는 손님의 마음을 사로잡기 위해 강력한 대본을 준비하고 있었을 것이다.

"겨우 몇 센티미터 앞에서 멈추느냐 마느냐에 따라 사고가 결정되니까요. 1만 엔은 보험 같은 것이죠."

정말 뛰어난 설득이다. 먼저 겨우 몇 센티미터라는 표현은 아주 선명한 이미지를 남긴다. 성능이 발전했다는 설명도, 제동력이 비약적으로 좋아졌다는 설명도 고객이 실감하기는 어렵다. 사고 여부가 결정된다는 키워드도 강렬하다. 겨우 몇 센티미터, 그렇지만 그 몇 센티미터가 사고 여부를 가른다는 것이다.

그뿐 아니라 보험 같은 것이라는 표현도 고객의 마음을 사로잡는다. 일본인의 생명보험 가입률은 80%를 넘어섰다. 납입하는 생명보험료도 무려 연평균 38.5만 엔에 달한다. 매달 내는 고액의 보험료를 생각하면 1만 엔으로 가족의 안전을 지킬 수 있다니 생명보험이 아니라 스터드리스 타이어에 투자해야 하는 게 아닐까 하는 생각도 든다.

타이어처럼 특징을 뽑아내기 어려운 제품도 '일상에서 쉽게 접하는 것으로 전환(구매 욕구를 높이는 방법 33)'하여 고객의 마음에 진심을 전달할 수 있다.

브리지스톤 홈페이지의 동영상에는 인기 여배우 아야세 하루카 씨가 하얀 가운을 입고 교수로 변신해 제대로 된 제품을 사야 하는 중요성을 이야기한다. 여기서도 '쉽게 접할 수 있는 제품으로 전환하기' 기술이 활용되었다.

"사실 타이어가 땅에 닿는 면적은 겨우 엽서 한 장 크기죠. 그 엽서 한 장에 소중한 사람의 목숨을 싣고 달리는 거예요. 그래서 타이어는 생명을 제대로 지켜주는 한 장의 엽서여야 합니다."

한 가족을 목숨을 지켜야 하는 가장은 사랑하는 가족을 위해 어떤 타이어를 고르게 될까? 이렇게 판매원의 추천을 받으면 '술자리 두세 번 참은 돈으로 좋은 제품 사야지……' 생각하지 않을까.

왜 공포 마케팅이 효과가 있을까

그 진공청소기를 사지 않으면 알레르기성 천식에 걸릴 것 같고, 그 타이어를 사지 않으면 교차로의 빙판길에서 가족이 큰 사고를 당할 것 같은 기분이 든다. 이처럼 공포는 강한 구매 동기를 낳는다.

공포 마케팅 = 위험을 가깝게 느껴 공포 수준으로 생생하게 묘사하는 것

공포는 사람들에게 왜 효과가 있을까? 뇌과학과 심리학의 관점에서 살펴보자.

1. 공포는 큰 관심을 끌고 그대로 뇌에 기억된다

사람은 공포를 느끼면 뇌 안에 투쟁과 도주의 호르몬인 '노르아드레날린'이 분비된다. 노르아드레날린은 집중력을 높이는 작용을 하므로 결과적으로 대상을 쉽게 기억하도록 돕는다고 알려져 있다. 마케팅에서는 먼저 고객의 관심을 끌고 제품을 기억 속에 오래 남겨야 한다. 따라서 공포를 소재로 사용하면 그 미션을 쉽게 달성할 수 있다.

2. 공포는 착각을 부른다

공포를 느끼는 뇌의 부분과 쾌락을 느끼는 뇌의 부분은 가깝게 붙어 있다. 그래서 뇌는 공포로 혼란스러운 상태일 때 눈앞에 있는 상대를 호의적이라고 착각하게 된다.

이와 관련하여 흔들다리 이론이 유명하다. 흔들리는 다리 한가운데서 고백하는 편이 흔들리지 않는 다리에서 고백할 때보다 성공률이 높다는 실험 결과가 있다. 낭떠러지에 떨어지는 것 같이 무서울 때 갑자기 슈퍼맨처럼 등장하는 제품이 있다면……, 사랑의 마음이 싹틀지도 모른다.

3. 공포는 '마이너스→제로' 효과를 낳는다

사람은 아무런 문제가 없는 상태를 더 좋은 상태로 만들려고 하는 '제로→플러스' 행동보다, 지금의 불우한 상황을 어떻게든 원상복귀하려는 '마이너스→제로'의 행동을 우선한다.

공포 마케팅은 현재 상황에 특별한 불만 없이 평온하고 쾌적한 제로 상태, 다시 말해 '컴포트 존'에서 고객을 끌어내려 마이너스라는 불행의 바다에 빠뜨린다. 그곳에서 빠져나오는 데 도움되는 배가 지금 바로 눈앞에 있는 제품이라고 알아차린다면…… 물에 빠진 사람은 지푸라기를 잡는 것보다도 빨리 그 제품을 손에 넣고 싶다고 생각할 것이다.

노후생활의 불안, 건강을 해치는 질병, 저축 부족처럼 판매자는 현상을 '부정적 관점으로 전환(구매 욕구를 높이는 방법 34)'하여 고객이 지금 불안정한 상태라

는 점을 강조한다. 가능하면 사용하고 싶지 않은 방법이지만 이는 금융제품

이나 보험 세일즈의 기본 마케팅이기도 하다.

일상생활 속에서 일일이 말로 표현할 수 없는 불만이나 불안이 많다고 느껴

진다면 그것은 아마 누군가가 일부러 공포 마케팅을 위해 심어 놓은 재료 때

문일지도 모른다.

우리는 과연 상식을 의심할 수 있을까?

관공서 일을 맡아서 하던 때의 일이다. 장마로 무척 후덥지근했던 날, 정장에 넥타이를 매고 가스미가세키의 어느 부처 건물 앞에서 직원을 기다리고 있었다.

영업 직원은 도착하자마자 복장 체크를 했다.

"여러분, 복장은 '쿨비즈Cool Biz'입니다. 노타이로 부탁합니다."

고이즈미 내각의 고이케 유리코 환경성 대신이 여름용 정장으로 쿨비즈를 주장했다. 하타 내각이 에너지 절약 차원에서 주장했던 직장인의 반소매 재킷은 좋은 평가를 받지 못하고 대실패로 끝이 났었다. 이번에는 시원한 옷차림의 촌스러운 이미지를 불식하기 위해 에너지 절약 운동의 호칭을 공모하는 등 신중하게 계획을 진행했다. 이번에야말로 넥타이를 매지 않아도 깔끔한 옷차림을 대중화할 기회였다.

쿨비즈는 대성공을 거두었다. 요즘은 한여름에 출퇴근하는 전철 안에서 넥타이를 맨 사람을 찾기가 더 힘들다. 그런데 왜 윗 세대는 한여름에도 답답하게 넥타이를 매고 있었을까?

쿨비즈 정책을 시행하기 전까지 노타이 복장을 한 사람은 매우 희귀한 존재였다. 술집에서 넥타이를 머리에 두른 술 취한 샐러리맨이거나 직업 안내소에 줄을 서는 구직자가 아니라면 노타이는 오직 조직에서 벗어난 순간에만 허용되었다. 노타이로 회사에 출근하는 일은 주위 사람에게 '나는 오프 모드로 업무에 임한다', 다시 말해 '이 사람은 비즈니스에 성실하게 임할 생각이 없구나'라는 인상을 주었다. 언제부터인가 넥타이는 조직에 속한 사람이라는 상징이 되었고, 조직을 위해 몸을 바치겠다고 다짐하는 충성심의 표현이기도 했다.

쿨비즈를 국가 정책으로 추진하겠다는 뉴스는 모든 사람에게 환영받았다. 하지만 기쁨도 잠시 사람들은 커다란 벽에 부딪혔다.

도대체 언제 넥타이를 풀어야 하는가?

무엇이든 옆 사람과 비슷한 수준으로 맞추기를 좋아하는 일본인은 새로운 것을 시작할 때 그에 맞는 가이드라인이 필요하다. 환경성은 빈틈없는 대책을 제시했다. '여름 동안'이라는 추상적인 표현이 아니라 '6월 1일~9월 30일'이라는 명확한 쿨비즈 기간을 발표한 것이다. 그것은 우리가 경험했던 교복의 하복 교체 시기와 동일한 기간이다. 그러면 이제 아무런 문제가 없다. 회사는 정부의 방침을 받아 직원들에게 알린다. 회사원은 그저 따르기만 하면 된다.

메이지 시대부터 쿨비즈가 시행되기까지 일본의 비즈니스맨들은 아무런 의심 없이 괴로운 상식에 얽매어 왔다. 정부가 먼저 넥타이를 풀고 나서야 겨우 답답함에서 해방되었다.

얼마 전 음악 관련 행사에서 알게 된 친구가 결혼식에 초대했다. 초대장에는 결혼식장 위치와 그리고 다음과 같은 말이 실려 있었다.

'축의금은 전혀 신경 쓰지 마십시오.'

호텔에서 열리는 호화로운 결혼식이 아니라 레스토랑을 빌려 참석자가 자유롭게 돌아다니며 음식을 먹을 수 있는 형태로 꾸민 간소한 형식이었다. 사회나 연출, 사진도 모두 친구들이 도와주는 핸드메이드 결혼식이었다.

지금까지 참석했던 결혼식과 가장 큰 차이점은 역시 분위기였다. 레스토랑 안에서는 웃고 떠드는 소리가 끊이지 않고 누구나 편안한 마음으로 즐기며 두 사람의 결혼을 진심으로 축하하는 따뜻한 분위기에 둘러싸여 있었다. 그 모습을 보며 '이게 진짜 행복한 결혼식이구나' 하는 생각이 들었다.

제7장

고객의 쇼핑이 즐겁지 않은 이유

사게 하려면
사는 마음을 알아야 한다

'내 쇼핑이 옳았다'고 여기고 싶은 고객의 심리

어느 지방의 유통 체인점이 스마트폰 애플리케이션을 도입했을 때의 일이다. 고객의 평가를 들으려고 현장으로 찾아갔다. 담당자는 시스템 자체는 굉장히 순조롭게 돌아가지만, 전날 애플리케이션과 관련한 마케팅에서 큰 실수를 했다고 전했다.

가린토(밀가루 반죽을 기름에 튀겨 설탕을 바른 일본 전통 과자-옮긴이)를 '모바일 회원 한정 쿠폰' 프로모션 대상 제품으로 정했는데 그 과자를 사려던 단골손님이었던 한 할머니가 몹시 화를 내며 분노했다는 것이다. 직접 본 것은 아니지만 이야기를 들어보니 다음과 같이 상상할 수 있었다.

할머니가 좋아하는 가린토를 사려고 과자 판매대로 갔다.→그곳에는 '모바일 회원 한정 할인!'이라는 낯선 POP가 붙어 있었다.→할머니는 이것이 무슨 말인가? 하고 점원에게 물었다. →스마트폰을 사용하지 않는 할머니는 할인 대상에서 완전히 배제된다는 사실을 알게 되었다.

가만히 생각해 보면 이처럼 불합리한 일도 없다. 할머니가 분노할 만하다.

그렇다면 가게는 왜 모바일 회원 한정 쿠폰을 발행하는 것일까? 쿠폰의 목적은 말할 것도 없이 회원 수를 늘리고 단골 고객을 확보하기 위해서다. 이러한 고객 확보 방식에 불편함을 느끼는 사람은 할머니뿐만이 아니다. 슈퍼마켓에서 자주 쇼핑하는 주부들의 목소리도 들어보자.

"회원은 포인트 5배! 같은 문구를 보면 비회원인 나는 무척 손해를 보는 느낌이 들어요. 여기저기 회원증이 계속 쌓이니까 더 늘리고 싶지 않은데다 계산할 때마다 일일이 꺼내기도 귀찮죠. 하지만 비싸게 사는 것은 더약이 오르니 어쩔 수 없이 가입하긴 해요……."

포인트 카드를 만들거나 모바일 회원이 되면 조금 더 저렴하게 쇼핑할 수 있다. 하지만 기쁜 마음으로 회원 가입을 하는 사람이 얼마나 될까, 귀찮지만 어쩔 수 없이 가입하는 사람도 많을 것이다. 새로운 서비스에 즐거워하는 사람도 있지만 그 반대의 반응을 보이는 사람도 있다.

일안 반사식 카메라를 샀을 때의 일이다. 아무래도 사용하기 불편한 부분이 있어 다른 사람들은 어떻게 다루고 있는지 궁금해서 이용자 게시판에 글을 올렸다.

"이 다이얼은 완벽한 결함 같은데요. 너무 사용하기 불편하네요."

그러자 게시판의 단골 이용자가 이런 댓글을 달았다.

"결함은 아마도 당신의 사용 미숙이겠죠. 저는 아무렇지 않게 잘 사용하는데요?"

이 글을 시작으로 나는 다이얼의 사용법도 제대로 모르는 완전 초보자로 낙인 찍혀 게시판의 여러 이용자에게 많은 비난을 받았다.

인지 부조화라는 단어를 들어본 적이 있는가? 물건을 산 이후에 어떤 마이너스 정보가 들어와도 자신의 구매 행동이 옳았다며 정당화하는 심리를 말한다. 구매자들끼리 의견을 나누는 이용자 게시판은 특히 인지 부조화가 나타나기 쉬운 장소다. 모처럼 장만한 고가의 일안 반사식 카메라에 결함이 있다고 말하는 사람이 게시판에 등장하면 '즉시 몰아내!' 하는 분위기가 조성되는 것이다.

나는 자신이 산 카메라의 평판을 지키기 위해 온종일 게시판에 매달리는 정말 할 일 없는 사람들이라며 속으로 생각했다. 하지만 애초에 게시판에 글을 올리지 않았다면 이런 찝찝한 기분도 들지 않았을 것이다.

과거에는 어떤 쇼핑을 했을까

요즘에는 오프라인이나 온라인 매장, 언제 어디서나 쇼핑을 즐길 수 있다. 이처럼 모든 유통 업체는 옴니 채널화로 쇼핑의 편리성을 높이고 있다. 하지만 지금과 같은 쇼핑 채널의 다각화가 말 그대로 편리한가 하면 꼭 그렇지만도 않은 듯하다. 예를 들면 이 책의 서두에서 소개한 돌발 타임 세일을 떠올려 보자. 왜 TV 하나를 사는 데 올지 안 올지도 모르는 점원을 온종일 기다려야 할까? 왜 TV를 사고 나서 비싸게 샀다는 사실에 낙담해야 할까?

쇼핑은 옛날에도 이렇게 골칫거리였을까? 30년 전에는 TV를 어떤 방식으로 샀는지 주변 사람들의 기억을 끄집어 내보기로 했다.

과거의 TV 구매 ① 상점가의 가전 매장

가전제품의 상태가 안 좋아지면 항상 상점가의 가전 매장 직원을 불렀어요. 사실 그 가전 매장 직원이 조금 수상쩍긴 했죠. 좀처럼 수리를 해 주지 않는 거예요.

"모델이 구형이라 수리하려면 시간이 꽤 오래 걸려요. 부품이 있는지도 모르겠고요. 지금 저희 매장에 신형 TV가 한 대 들어왔는데 어떠세요? 오늘 당장 설치할 수 있어요. 대금은 나중에 천천히 주셔도 되니까요."

이런 식으로 항상 우리 집 가전을 바꿀 마음이 가득한 직원이었죠(웃음). 우리 집에 있는 가전제품은 대개 이런 방식으로 산 것들이에요.

과거의 TV 구매 ② 백화점의 가전 매장

TV를 사는 일은 우리 가족의 커다란 이벤트였죠. 아버지가 카탈로그를 대량으로 받아 오면 온 가족이 둘러앉아 몇 번이나 가족회의를 거쳐 어떤 기종으로 살지를 결정했습니다. 브랜드가 정해지고 나면 나머지는 일사천리죠. 단골 백화점 가전 매장에 가서 점원과 가격 흥정을 하고 그날 바로 샀어요. 다른 백화점을 일일이 돌아다니지는 않았습니다.

정보가 적을수록 쇼핑에 만족한다?

과거의 구매 행동은 현대사회와 비교했을 때 압도적으로 정보가 적다는 특징이 있다.

인터넷이 없으니 얻을 수 있는 정보는 TV나 신문 광고 정도밖에 없었다. 조금 더 자세히 알고 싶으면 카탈로그를 얻으러 가전 매장을 찾아가야 했다. 가격 비교 사이트도 없어 최저가로 사고 싶으면 여러 가게를 발품을 팔며 돌아다닐 수밖에 없었다. 이용자 게시판도 없으니 제품 후기는 회사의 동료나 이웃 등 같은 제품을 사용하는 사람을 직접 찾아내야 했다.

반대로 생각해 보면 처음부터 정보를 입수할 수단이 없으니 정보가 부족하다는 생각조차 하지 않을 것이다. TV의 성능 비교, 가격 비교, 매장 순회, 이용자의 사용 후기 확인은 즐거운 일이 아니다.

그러나 상점가의 가전 매장이나 백화점의 점원을 신뢰하고 모든 것을 맡기면 귀찮은 일에서 해방된다. 물론 같은 TV를 조금 더 싸게 산 사람도 많을 것이다. 하지만 그런 사람들의 존재를 알게 되는 일은 거의 없다.

과거와 현대의 'TV 커스터머 저니'를 정리했다. 과거의 구매 행동은 얼마나 간결하고 깔끔한가? 반대로 현대의 구매 행동은 얼마나 복잡하고 번거로운지 한눈에 확인할 수 있다.

사게 만드는 법칙

과거 vs 현대 TV 커스터머 저니

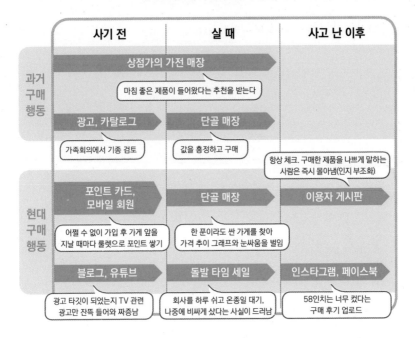

	사기 전	살 때	사고 난 이후
과거 구매 행동	상점가의 가전 매장		
	마침 좋은 제품이 들어왔다는 추천을 받는다		
	광고, 카탈로그	단골 매장	
	가족회의에서 기종 검토	값을 흥정하고 구매	항상 체크. 구매한 제품을 나쁘게 말하는 사람은 즉시 몰아냄(인지 부조화)
현대 구매 행동	포인트 카드, 모바일 회원	단골 매장	이용자 게시판
	어쩔 수 없이 가입 후 가게 앞을 지날 때마다 룰렛으로 포인트 쌓기	한 푼이라도 싼 가게를 찾아 가격 추이 그래프와 눈싸움을 벌임	
	블로그, 유튜브	돌발 타임 세일	인스타그램, 페이스북
	광고 타깃이 되었는지 TV 관련 광고만 잔뜩 들어와 짜증남	회사를 하루 쉬고 온종일 대기, 나중에 비싸게 샀다는 사실이 드러남	58인치는 너무 컸다는 구매 후기 업로드

인간의 유전자는 항상 최고를 향해 끝없이 달려간다고 알려져 있다. 우리 인간은 지금보다 더 나은 것을 얻을 수 있다면 그 길이 아무리 험하고 멀어도 나아가려 한다. 가까운 상점가 가전 매장의 신제품 교체 제안을 뿌리치고 훨씬 먼 곳의 신규 개업 가전 매장을 찾아가 하루 종일 줄을 서는 이유가 거기에 있다.

'사고 싶다'에서 '사지 않으면 안 돼'로 바뀌는 메커니즘

대놓고 팔고 있지는 않은가

과거의 구매 행동은 '그것을 갖고 싶다! 샀으니 만족!'이라는 지극히 단순한 소비 스타일이었다. 구매자는 '사고 싶다'는 확고한 구매욕이 있었다. 판매자는 제품의 매력을 전달하며 구매욕을 증폭시키기만 하면 제품은 금세 팔려나갔다. 광고나 판촉은 제품을 자세히 알기 위해 필요한 주요 정보원이었다.

그러나 이제 제품이 다양해지고 정보가 넘쳐나며 쇼핑 수단도 여러 가지가 되었다. 갖고 싶을 때 사면 된다. 굳이 사지 않아도 빌리면 된다. 중고로도 충분하다. 이처럼 오늘날에는 사람들의 구매욕도 소유욕도 감소하고 있다. 당연히 판매자의 프로모션은 한층 과열될 수밖에 없다.

"저렴하게 사고 싶어? 그러면 포인트를 모아야지!"

"스마트폰 사용해? 지금 당장 애플리케이션을 내려받아!"

결과적으로 '사야 해'라는 의무감에 휘둘리며 구매 행동이 커다란 스트레스가 되어간다. 자세히 살펴보면 오늘날의 광고나 판촉은 고객에게 '○○을 해야 해!'처럼 새로운 임무를 부과하는 것뿐이다. 과거에는 '설거지 수세미를 살균해야 해!'라고 광고하지는 않았다.

요즘 인기를 끌고 있는 '미니멀리스트'는 이처럼 강제적으로 제공받는 정보가 싫어 TV를 제일 먼저 처분하고, 심지어 간장병에 붙어 있는 라벨의 설명조차 성가시게 여겨 전부 떼어낸다고 한다. 이제 마케터는 '광고나 판촉은 기본적으로 짜증나는 것'이라는 관점에서 출발할 필요가 있다.

1999년에 출간된 《퍼미션 마케팅》은 광고업계에 큰 충격을 던져 주었다. 저자인 세스 고딘의 주장을 간단히 정리해 보자.

"광고는 남의 집에 허가도 없이 흙이 묻은 신발을 신고 들어가 민폐를 끼치는 존재다. 소비자에게 미움을 받지 않고 공감을 얻기 위해서는 퍼미션(허락)이 필요하다."

그로부터 20년이 지난 지금 광고가 민폐를 끼치는 존재라는 인식은 사라졌을까? 2011년 세계 최대의 광고제는 창조력의 축전으로 변모했다. 칸 국제광고제가 '칸 라이온스 국제 크리에이티브 페스티벌'로 명칭을 변경한 것이다.

당시 일본에는 너무나도 처참한 동일본 대지진이 발생했다. 도호쿠와 간토 지역에서는 모든 상업 광고를 자숙하고 공공광고기구AC로 대체했다. 많은 사람이 희생된 가운데 '제품을 광고할 상황이 아니다'라는 분위기였다. 그때부터 광고의 세계에서는 공익이 붐을 일으켰다. 2013년 광고상을 휩쓸었던 '어리석게 죽는 방법Dumb Ways to Die' 캠페인이 대표 사례다. 코믹한 캐릭터가 부른 노래가 많은 인기를 얻었는데 이를 통해 지하철 사고가 20%나 감소하는 성과를 얻었다고 한다.

이것이 달성한 위업은 광고업계의 사기를 북돋우는 계기가 되었다.

"우리의 업무는 단순히 광고를 만드는 것이 아니다. 사회 문제를 해결할 수 있다! 우리들의 일은 공익으로 이어진다!"

칸 국제광고제가 크리에이티브 페스티벌로 호칭을 바꾼 배경에는 광고 제작자들 간의 '탈광고 지향'이라는 의식의 변화가 있었다.

다카시로 쓰요시 씨는 2011년에 "지금의 광고 제작자는 앞으로 상황이 더욱 어려워질까?" 질문에 이렇게 대답했다.

"한마디로 말하자면 시대착오적이죠. 무언가를 대놓고 파는 일이 이제는 부끄러우니까요. 그것을 돕는 일은 더더욱 흥하죠."

무언가 고객에게 파는 일을 열심히 보조해 온 나로서는 얼굴을 붉힐 수밖에 없는 순간이었다.

쇼핑하는 시간을 멋진 순간으로 만드는 마케팅

광고 회사는 광고를 통해서 제품이나 서비스의 매출을 올리고 싶어 하는 판매자의 요구를 충족시킨다. 하지만 그것이 구매자에게 스트레스를 주는 귀찮은 일이 되는 것만큼 슬픈 일도 없다. 가능하면 우리의 일이 세상의 스트레스를 줄이는 방향으로 움직였으면 좋겠고, 많은 사람이 웃으며 즐길 수 있는 광고를 개발하고 싶다.

그때 큰 힘을 발휘하는 것이 바로 이 책에서 소개한 '구매 욕구를 높이는 방법'이다. 구매 심리를 자극하는 방법을 올바른 방향으로 활용하면 고객에게 행복한 기분을 선물할 수 있다. 대표 사례로 '눈높이를 맞춘 관점(구매 욕구를 높이는 방법 14)'을 들 수 있다. 고객에게 다가서는 프로모션을 펼친다면 고객의 마음속에 '고맙다'는 긍정적 감정이 싹튼다.

요즘의 쇼핑은 판매자와 구매자 모두에게 멋진 순간이어야 한다. 구매자가 '좋아요!'하고 반응하는 순간을 늘리면 판매자와 구매자 사이의 거리감이 좁혀질 것이다. 따라서 마케팅을 기획할 때는 항상 다음과 같은 점에 유의한다.

1. 고객과 같은 눈높이에 서 있는가

'만약 내가 고객이라면 그것이 기쁠까?' 하고 자신에게 물어본다. 주어 자리에 고객을 놓고 정말로 그것에 기꺼이 지갑을 열고 싶은지 시뮬레이션한다.

2. 고객에게 억지로 권유하지 않는가

판매자는 매출에만 쫓긴 나머지 무조건 팔면 된다는 판매 강박증에 걸려 있다. 파는 입장에서 한 걸음 떨어져 약간의 거리를 두는 일이 중요하다.

3. 단골 고객을 늘릴 수 있는가

판매자가 지향해야 할 목표는 고객과 지속적으로 좋은 관계를 유지하는 일이다. 그것이 고객에게 호의를 느끼게 하는지도 중요한 점검 포인트다. 구매 행동은 판매자의 의식에 따라 즐거워질 수도 있고 불쾌해질 수도 있다. 이제 '멋진 순간'을 기준으로 한 프로모션이 아니면 고객들은 순순히 받아들이지 않는다.

사게 만드는 법칙 사용을 재점검하자

지금까지 이 책에서 소개한 구매 욕구를 높이는 다양한 방법이 어땠는가? 마지막으로 반드시 짚고 넘어가야 할 문제가 하나 있다.

이 책에서 다룬 구매 욕구를 높이는 방법이 멋진 순간을 방해하고 있지는 않은지 점검해야 한다. '어쨌든 고객이 사면 그만이야!'와 같은 판매자에 치우친 사고 회로가 뻔히 눈에 보이기 때문이다. 변명 같지만 광고와 판촉 분야에서 오래 일하다 보니 나도 모르게 '판매 강박증'에 걸렸는지도 모르겠다.

마지막 장의 마지막에 이르러 '여기까지 다 와서'라는 기분도 들지만, 이제부터 진심으로 반성하며 고객의 구매 욕구를 자극하는 방법 사용을 자제하려고 한다. 앞으로는 고객에게 기꺼이 사랑받는 마케팅의 시대가 올 것이다. 끝까지 읽어주신 분께 진심으로 감사의 마음을 전한다.

부록 ①
구매 욕구를 높이는 팔리는 패턴 34가지

이 책에는 고객의 구매 욕구를 높이는 방법 34가지를 소개했다. 한꺼번에 이렇게 많은 분량을 읽고 나면 도대체 '무엇부터 시도해 봐야 할지 모르겠다', '어디에서 본 내용인지 잊어버렸다'는 생각이 들 수도 있다.

그래서 지금까지 소개한 구매 욕구를 높이는 방법을 간단히 정리하여 부록으로 만들었다. 이 책의 핵심이므로 최소한 이 부분은 반드시 읽어보고 숙지하기 바란다.

이 책은 언제든 바로 참고할 수 있도록 가까이에 두면 좋다. 중고서점에 팔지 말고 항상 손에 닿는 곳에 두고 보자.

1 시간제한

제1장
→ P.22

제품 세일은 질질 끌지 말고 확실하게 기간을 정해서 끝내야 한다. 세일이 종료되면 절대로 같은 가격으로 팔아서는 안 된다. 저렴하게 사지 못한 억울한 마음이 다음 세일 구매 욕구의 연료가 될 것이다.

2 우연성의 창출

제1장
→ P.24

한정 발행한 지폐를 만난 것 같은 뜻밖의 행운을 연출해 보자. 희귀하고 불확실한 무언가가 손에 들어오면 도파민이 대량으로 분비된다. 사람들이 길게 줄을 선 도박 게임장을 상상하면 쉽게 이해할 수 있다.

3 정보 공개

제1장
→ P.25

지금 바로 사내 회의를 열어 알리고 싶지 않지만 고객들이 알면 기뻐할 정보를 모두 찾아 공개하자. 인터넷에 온갖 정보가 돌아다니는 시대에는 아무리 숨겨도 언젠가는 들키고 만다.

4 단계적 할인

제1장
→ P.27

어차피 고객과 가격 흥정을 해야 하니 깎아줄 수 있는 만큼 미리 가격을 올려 두자. 가격을 깎는 데 성공한 손님은 '싸게 잘 샀다!'는 승리의 여운을 간직할 수 있다(회사에서 여러 장의 견적서를 받는 것과 같다).

사게 만드는 법칙

5 조잡한 진열	제1장 → P.28

잘 팔리지 않는 제품을 마구잡이로 진열해 보자. 조잡하게 진열된 제품은 싸다고 생각하기 때문에 가격을 내릴 필요가 없다.

6 팔림새 가시화	제2장 → P.33

서로 세일 제품을 사려고 달려드는 모습을 완벽하게 재현해 보자. 점점 물건이 팔려나가는 상황을 보여주면 조금 전까지 방관하던 고객들도 어느새 남은 물건을 쟁취하려고 뛰어들 가능성이 크다.

7 가르침 마케팅	제2장 → P.36

"좋은 제품을 파격가로 팔고 있으니 그것을 사는 사람도 룰을 지켜야 해요" 제품에 완벽한 자신감을 내비쳐 고객을 가르치는 방법이 통한다.

8 약간의 불편함	제2장 → P.38

어느 과일 소주 라벨에 '마시기 전에는 캔을 거꾸로 두지 마세요'라고 쓰여 있다고 하자. '그렇구나! 캔 바닥에 과일 알갱이가 가라앉을 만큼 과즙이 듬뿍 들었나 봐' 바로 알아차릴 것이다.

9 컬래버레이션	제2장 → P.44

'90년생들에게 인기가 높은 ○○!'이 있다면 지금 바로 그것과 손을 잡아라. 그때는 물론 '○○과 컬래버레이션!'이라는 명칭을 반드시 붙여야 한다. 컬래버레이션이라는 표현에 사람들의 시선이 쏠린다.

10 배고픈 상태 만들기	제2장 → P.48

'헝거 마케팅 수법이다!'라는 소문이 나면 커다란 기회가 찾아온 것이다. 당장 사과 발표를 하라. 인기는 더욱 과열될 것이다. 그렇다, 사과 발표의 마케팅 효과는 매우 크다.

11 배고픈 상태 방치	제2장 → P.49

가게가 높은 인기로 긴 대기 줄이 생겼다고 해도 바로 지점을 내서는 안 된다. 맛있어서 줄을 서는 것이 아니다. 줄을 섰기 때문에 맛있는 것이다.

12 재입고 멘트	제2장 → P.56

제품에 '재입고 되었습니다'를 달기만 하면 끝이다. 고객은 '이거 인기 있나 봐! 매진되기 전에 사둬야지!' 착각할 것이다.

13 구매용 멘트

제3장 → P.64

고객의 반응을 상상해 첫마디에 "그렇죠" 동조하는 말을 건넨다. 단지 그것만으로도 물건을 팔아넘기려는 귀찮은 판매자에서 이야기가 통하는 친구로 지위가 승격될 것이다.

14 눈높이를 맞춘 관점

제3장 → P.66

직원 할인으로 산 자사 제품은 당장 프리마켓에 내다 팔고 얄미운 경쟁사의 제품을 직접 사서 써보자. 우리 회사 제품의 무엇이 문제인지 바로 알아차릴 것이다.

15 칭찬의 역공

제3장 → P.74

고객이 사려고 망설이는 경쟁사의 제품을 부정하지 말자. 먼저 고객의 선구안을 칭찬하여 좋은 분위기를 만든 이후에 한마디를 건네자. "고객님께는 역시 저희 제품이 어울리십니다!"

16 이타주의

제3장 → P.78

많은 기업이 주장하는 고객 우선주의는 모두 거짓이다. 고객을 위해서라면 우리 제품을 사지 않아도 좋다고 단언할 수 있어야 진정한 고객 우선이 될 것이다.

17 공동 투쟁

제3장
→ P.79

이념이 다르다? 정책이 다르다? 그런 비판에 신경 쓸 필요가 없다. 의석만 차지하면 된다. 어제의 적과 오늘은 동지가 되어 공동으로 투쟁하자.

18 제삼자 마케팅

제3장
→ P.80

부하 직원의 동기를 부여하기 위한 좋은 방법이 있다. 주위 사람들에게 '그 직원은 우수하다'고 소문을 내는 것이다. "부장님이 너를 칭찬하던데!" 부하 직원은 아이디어가 샘솟을 것이다.

19 슬로

제4장
→ P.91

슬로푸드를 선보이는 개인 운영 무명 가게가 유명해질 기회가 늘었다. '느리게' 신념이 소문나면 고객의 선택을 받을 수 있다.

20 나쁜 입지 마케팅

제4장
→ P.92

인기 블로거가 시골로 가는 이유는 무엇일까? 도시의 소재는 SNS에서 너무 흔하고 지루하기 때문이다. 간단히 따라 하기는 힘들지만 노력하면 체험할 수 있는 소재가 시골에는 아직 많이 남아 있다.

21 이야깃거리의 가능성

제4장 → P.96

세상에는 두 종류의 사람밖에 없다. 실력은 있는데 이목을 끌지 못하는 사람과 실력 이상으로 이목을 끄는 사람. 어느 쪽이 되고 싶은가? 이야깃거리 지상주의가 된 오늘날에는 후자를 목표로 삼는 것이 좋을 것이다.

22 쉽게 놀림당하는 이미지

제4장 → P.96

서툴게 쓴 글씨, 느슨한데 친근한 캐릭터에 애정을 느끼는 대중의 심리를 잘 이용해보자.

23 픽원 마케팅

제4장 → P.98

'우리 제품은 다양한 라인이 있어 자유롭게 선택할 수 있습니다!' 같은 선택 스트레스를 야기하는 문구를 강조하면 제품은 팔리지 않는다. '이것 하나만 사면 틀림없어!' 보다 효과적인 마케팅은 없다.

24 손님을 배웅하는 한마디

제4장 → P.100

세상에는 두 종류의 마케터가 있다. 제품을 파는 방법만 고민하는 마케터와 제품으로 고객이 행복해지기를 바라는 마케터. 후자가 더 사게 만드는 마케터다.

25 UX User Experience 활용

제4장 → P.106

UX는 확실한 트렌드라는 느낌이 든다. 만약 당신이 디자이너라면 상사에게 부탁해서 명함의 직함을 UX 디자이너로 변경하라. 고객의 경험을 설계할 수 있어야 한다.

26 노이즈 마케팅

제4장 → P.108

화젯거리가 되지 않으면 그 기획은 실패다. 아슬아슬하게 악평을 피할 수 있는 경계선까지 사람들의 입에 오를 만한 이야깃거리를 담아 보자. 어디까지가 아슬아슬한 경계선인지 고민하자. 화제와 악평은 종이 한 장 차이다.

27 SNS 인증 유도

제5장 → P.129

택시를 탄 20대 여성이 "세계의 중심으로 데려가 줘요"라고 하면 망설임 없이 인스타그램 본사로 가면 된다. 그들의 삶은 인스타그램을 중심으로 돌아가고 있다.

28 무조건 페스티벌

제5장 → P.131

장례식을 제외하고 모든 행사 이름은 페스티벌로 달자. 스포츠 대회도 배드민턴 페스티벌이라고 이름을 바꾸면 유행에 민감한 젊은 세대도 관심 가질 것이다.

29 과잉된 콘셉트 　　　　제5장
　　　　　　　　　　　　→ P.132

고깃집이라면 곱창 모둠을 플라스틱 노란 대야에 가득 담아내 보자. 인스타그램을 빛낼 소재가 될 수도 있다.

30 모두가 단골 　　　　제4장
　　　　　　　　　　　　→ P.132

처음 온 손님도 바로 단골손님으로 승격시킨다. 그리고 모든 손님 앞에서 친근하게 불러보자. 사실 모든 손님에게 제공하는 메뉴지만 특별 서비스인 듯 제공한다.

31 교만 마케팅 　　　　제5장
　　　　　　　　　　　　→ P.138

백화점 푸드코트에 가서 "살짝 태운 토스트에 설탕을 뿌린 소박한 빵이 왜 이렇게 비싼 거야!"라며 화내지 말자. 많은 사람이 몰려들어 사기 때문에 그 가격이 되었다. 단지 그뿐이다.

32 가시화 전략 　　　　제6장
　　　　　　　　　　　　→ P.155

다이슨 청소기의 '하얀 가루' 공포 마케팅은 눈으로 확인하기 어려운 정보를 명확하게 보여준 방법 덕분에 성공할 수 있었다

33 일상에서 쉽게 접하는 것으로 전환

제6장 → P.160

아마도 제품의 매력은 손톱만큼도 소비자에게 전달되지 않았다. 전문용어로 잔뜩 쓰인 자화자찬은 고객에게 다른 나라의 언어일 뿐이다. 고객이 쉽게 접하는 것으로 비유해 전달하자.

34 부정적 관점으로 전환

제6장 → P.162

"어쨌든 편안한 생활을 보내고 있어!"라고 말하는 사람이 있다면 그가 얼마나 비위생적인 환경에 있는지 지적하라. 그를 컴포트 존에서 끌어내리자.

부록 ②
기획, 프레젠테이션에 활용하는
구매 행동 모델

　여기서는 기획이나 프레젠테이션에 활용할 수 있는 '구매 행동 모델' 몇 가지를 소개하고자 한다. 커스터머 저니를 작성하는 기본 틀로도 사용할 수 있을 것이다. 실무에 꼭 활용해보자.

　100년 전에 발표된 모델에서 최근에 자체적으로 개발한 것까지 시계열로 정리했는데, 구매자의 정보 환경이 변하고 그에 따라 모델이 변화해 온 모습을 확인할 수 있을 것이다. 직접 업무에 사용해 본 감상을 ○, △의 형태로 평가했으니 이것도 참고해 주기를 바란다.

AIDMA (아이드마)	개발자: 롤랜드 홀(미국의 경제학자), 1920년경 특징: 광고 효과 계층 모델 관점: 대중 매체 광고

(Attention) 인지, 주의	(Interest) 흥미, 관심	(Desire) 욕구	(Memory) 기억	(Action) 행동

원조 소비 행동 모델

이 점은 ○ (활용했다)	이 점은 △ (어려웠다)
무엇보다 소비 행동 원조 모델이다 진정한 원조는 엘모 루이스의 AID(1898년)라고 한다. 하지만 일본에서 가장 유명한 구매 행동 모델이라면 바로 이 AIDMA일 것이다. AIDMA가 없었으면 AISAS, ARCAS도 탄생하지 못했다.	**구매하기까지 과정이 길다** 사실 기획에 직접 활용한 적은 한 번도 없다. 개인적으로 욕구Desire가 있어도 바로 구매 행동Action으로 이어지지 않는다는 점이 이해하기 힘들고, 기억Memory의 필요성이 그렇게 중요한지와 같은 의문점(?)이 많았기 때문이다.

AISAS (아이사스)	개발자: 덴쓰 간사이 지사 인터렉티브 커뮤니케이션국, 2003년 특징: 인터넷 시대의 소비 행동 모델 관점: 인터넷 온라인 판매

(Attention) 인지, 주의	(Interest) 흥미, 관심	(Search) 검색	(Action) 행동	(Share) 공유

소비자 사이에 정보가 순환한다

이 점은 ○ (활용했다)	이 점은 △ (어려웠다)
디지털 정책에 최적화 소비자가 구매 이후에 공유Share하는 제품 리뷰는 구매를 원하는 다른 소비자의 검색Search에 참고가 된다. 소비자 사이에서 정보가 순환된다는 사실을 나타낸 점이 신선했다. 디지털 정책 관련 프레젠테이션에서 활용하기에 매우 편리한 모델이다.	**검색하지 않는 제품이 더 많다** 내구성 소비재나 고급 제품 등과 달리 일반 매장에서 판매하는 일상생활 용품이나 식품 등은 거의 인터넷에서 검색Search되는 일이 없다. 일반 매장의 마케팅 전략을 세워야 하는 우리로서는 일반 매장 전용 구매 행동 모델이 필요했다. 그것이 결국 ARCAS의 개발로 이어졌다.

사게 만드는 법칙

ARCAS (아르카스)	개발자: 덴쓰 SPAT팀 2007년 특징: 일반 매장 고객의 구매 행동 모델 관점: 일반 매장 판매

A	**R**	**C**	**A**	**S**
(Attention) 눈에 띔	(Remind) 떠올리기	(Compare) 비교	(Action) 구매	(Satisfy) 만족

최초의 일반 매장 구매 행동 모델

이 점은 ○ (활용했다)	이 점은 △ (어려웠다)
일반 매장의 모든 마케팅에 활용할 수 있다 매장의 프로모션 기획을 세우거나, 프레젠테이션, 조사 분석 등 모든 분야에 활용할 수 있는 만능 모델이다. 매장 위주로 활용했으나 다른 분야에도 응용할 수 있다는 사실을 깨닫고 거의 모든 업무에 다각도로 사용한다. 지금도 쇼퍼 마케팅의 기본 틀로 유용하게 활용하고 있다.	**5가지 구성 요소는 역시 너무 많다** 우리 팀에서 개발한 것이기도 해서 매장 관련 업무에는 줄곧 이것만 사용했다. 그런데 사용할 때마다 느끼는 것은 5가지 구성 요소가 너무 많다는 점이다. 설명에도 시간이 걸리고 쉽게 기억하지도 못한다. 따라서 조금 더 간단한 구매 행동 모델을 고안해야 한다고 생각했다.

ARCAS 분석표

ARCAS	분석의 핵심	대상 키워드
A 눈에 띔	시각 청각 후각	멀다 중간 가깝다
R 떠올리기	상기(과거) 상상(미래)	사회(광고/시사나 트렌드) 개인(일상의 이벤트/습관)
C 비교	직접 비교 가치 판단 비교	가격 제품정보 브랜드
A 구매	구매 결정	인센티브 유도 압력
S 만족	만족 체험	매장 만족 제품 만족

SIPS (십스)	개발자: 덴쓰 모던 커뮤니케이션 라보, 2011년 특징: 소셜 미디어 시대의 소비 행동 모델 관점: 소셜 미디어

(Sympathize)
공감하다

(Identify)
확인하다

(Participate)
참여하다

(Share & Spread)
공유 & 확산하다

공감하고 참여한다

이 점은 ○ (활용했다)	이 점은 △ (어려웠다)
공감과 참여의 중요성! 공감Sympathize로부터 시작하는 점, 구매Action가 없는 대신 참여Participate가 들어간 점이 참신했다. 가벼운 기분으로 '좋아요!'라고 할 수 있는 점과 반드시 구매하지 않더라도 '응원, 지원, 전달'과 같은 참여 행동이 이루어진다는 사실을 밝혀냈다. '느긋한 참여'의 중요성을 깨닫게 했다(다음의 그림 참고).	**판매자는 어쨌든 제품을 팔고 싶어 한다** 소셜미디어 관련 마케팅의 프레젠테이션에 적합하지 않았다. 어쨌든 제품을 팔고 싶다거나 참여Participate보다는 구매Action라는 단기 목표를 달성하려는 판매자들이 많아 실제로 사용할 기회는 한정되었다.

참여(Participate)의 수준

그림 출처: 덴쓰 'SIPS' 앞으로 찾아올 소셜미디어 시대의 새로운 고객 구매 행동 모델의 개념

① 선교사(evangelist)

* 개인적으로 응원 사이트, 커뮤니티, 블로그 등의 콘텐츠를 제작한다.
* 제품이나 활동을 다른 사람에게 추천한다.
* 새로운 사업 기획이나 개선책 등을 제안한다.
* 경쟁 기업을 비판 or 경쟁사의 제품을 기피한다.

② 충성 고객(지원자)

* 제품을 재구매 혹은 지속적으로 구매한다.
* 회원을 유지한다.
* 블로그나 트위터 등에 악평이 올라오면 기업을 옹호한다.
* 기업의 소셜미디어나 고객 센터에 제품이나 서비스의 개선 의견을 투고한다.
* 기업의 주식을 산다.

③ 팬(응원자)

* 제품을 구매한다.
* 브랜드 커뮤니티에 참가, 등록, 글쓰기.
* 제품이나 기업 활동에 관한 감상을 게시판, 블로그, 소셜미디어 등에 올린다.
* 브랜드가 관리하는 회원 시스템을 이용한다.

④ 느긋한 참여(participant)

* 기업의 홈페이지를 보며 즐긴다.
* 애플리케이션을 사용한다. 동영상을 본다.
* 브랜드가 발신하는 정보에 공감하고 가벼운 기분으로 팔로우, 리트윗, 좋아요를 누른다.
* 샘플을 받거나 사용한다.
* 캠페인이나 이벤트에 참가한다.

던지기·받기·누르기	개발자: 혼마 다쓰헤이, 2018년 특징: 전 방향 구매 행동 모델 관점: 모든 영역

던지기

받기

누르기

구매 욕구를 높이기 위해 필요한 3가지 단계를 모델화!

구매 행동을 분석하며 구매자에게는 3가지 정보처리 모드가 있다는 사실을 발견했다. 그리고 각각의 모드에 대응하여 어떻게 정보를 전달해야 효과적인지도 밝혀냈다. '무관심한 사람이 제품을 사게 하기까지' 최소한 판매자가 거쳐야 하는 3가지 단계를 정리하여 모델화했다.

이 모델은 대중 매체, 디지털, 일반 매장 등의 용도를 구분하지 않고 모든 영역에 적용할 수 있는 보편적인 모델이라고 판단한다.

조금 더 자세히 알아보자

던지기·받기·누르기의 기본이 되는 2가지 모델

 구매자의 '정보처리 모드'

구매자의 3가지 정보처리 모드다. 구매자가 어떤 상황일 때 '던지기·받기·누르기'를 해야 효과적일까? 그것을 나타낸 것이다.

수동 모드 PASSIVE MODE　　정보를 받아도 OK인 상태
능동 모드 ACTIVE MODE　　받은 정보에 흥미를 느낀 상태
숙고 모드 THINKING MODE　　살지 안 살지 고민하는 상태

QAD (콰드) 판매자가 발신하는 '정보의 내용'

판매자가 발신하는 정보의 내용이다. PAT 각각의 모드에 대해 어떤 정보를 '던지기·받기·누르기' 해야 할까? 그것을 나타낸 것이다.

질문하다 Question   흥미를 유발하는 정보
대답하다 Answer   흥미를 느낀 구매자가 원하는 정보
결정하다 Decision   구매 결정을 촉진하는 정보

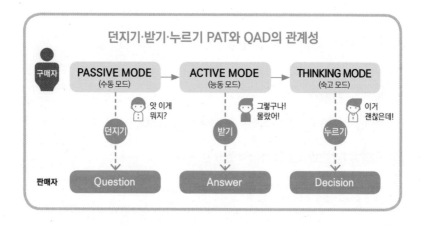

보내기 번트를 성공시키는 마케터

아빠는 홈런을 치지 않아.

골네트도 흔들지 않아.

하지만 일을 하다 보면 번트를 댈 사람도 필요하지.

선행 주자를 보내게 할 사람이 필요한 거야.

아빠는 그렇게 눈에 보이지 않는 일에 자부심을 느껴.

이것은 에구치 요스케 씨가 수수하지만 성실한 회사원을 연기한 캔 커피 광고의 명대사다. 이 광고를 처음 보았을 때 생각했다.

'이거 정말 내 얘기다.'

마케팅은 홈런이라고 부를 만한 화려함이 없다. 다른 사람이 '저런 일을 해보고 싶다!'고 여길 만한 요소도 없다. 유명한 잡지에 소개될 일도 없고 칸 국제광고상과도 인연이 없다.

그래도 일류 제작자들의 프레젠테이션에 종종 초대 받고 있다. 물론 이야기하는 시간은 겨우 몇 분뿐이다. 제작자들이 커버할 수 없는 현장 판매를 담당하는 기획자로서 일단 그들의 방패막이 역할을 한다. 다시 말해 인기 선수가 확실하게 득점할 수 있도록 돕는 '보내기 번트 선수', 그게 바로 나다.

서점에 가면 광고상을 휩쓸고도 남을 일류 광고 제작자들이 쓴 책이 눈에 들어온다. '어떻게 하면 저렇게 재미있는 광고를 만들 수 있을까? 일류 제작자의 사고 발상법을 배우고 싶다, 홈런 치는 방법을 알고 싶다.', '책을 써 보고 싶지만 그러려면 칸 광고상 한두 개는 받아야겠지.'

그런 생각을 하며 울적한 나날을 보내고 있던 때에 편집자인 다네오카 켄 씨가 나타났다.

"홈런을 치는 방법은 의외로 반응이 안 좋아요. 독자는 그걸 읽어도 어차피 힘들겠다는 생각을 하거든요. 그것보다는 혼마 씨처럼 확실하게 번트를 대는 방법을 가르쳐 주는 것이 더 현실적입니다"라며 나의 기획을 흔쾌히 선택해 주었다.

어쩌면 이 책이 기사회생하여 베스트셀러가 될지도 모른다. 이 책을 읽은 사람이 몇억 엔짜리 프로젝트를 필자에게 의뢰할지도 모른다. 기업이나 업무에 대한 설명을 듣는 일 의뢰가 빗발치고, 우리 회사가 취직하고 싶은 기업으로 기업 인기 순위에서 급상승할지도 모른다. 회사 직원 중에도 벤치를 지키는 유능한 번트 선수가 많다. 그들에게 스포트라이트가 비칠지도 모른다.

이러한 희망이 부풀어 오르는 것도 사실이다. 다만 확실하게 말할 수 있는 것은 이 책을 통해 필자가 하는 일이 무엇인지 명확해졌고 앞으로도 보내기 번트 요청이 더욱 늘어날 것이라는 점이다. 오해하지 않도록 미리 말하자면 보내기 번트가 싫다는 말이 아니다. 앞으로도 기쁜 마음으로 타석에 들어설 생각이다. 꼭 불러주길 바란다.

혼마 다쓰헤이

사게 만드는 법칙
꼭 사야 할 것 같은 분위기를 만드는 반전의 마케팅

초판 1쇄 발행 2020년 5월 20일
3쇄 발행 2021년 2월 15일

펴낸이 서정희 **펴낸곳** 매경출판㈜
지은이 혼마 다쓰헤이
옮긴이 최예은
책임편집 여인영
마케팅 신영병 이진희 김예인

매경출판㈜
등 록 2003년 4월 24일(No. 2-3759)
주 소 (04557) 서울시 중구 충무로 2 (필동1가) 매일경제 별관 2층 매경출판㈜
홈페이지 www.mkbook.co.kr
전 화 02)2000-2634(기획편집) 02)2000-2636(마케팅) 02)2000-2606(구입 문의)
팩 스 02)2000-2609 **이메일** publish@mk.co.kr
인쇄·제본 ㈜M-print 031)8071-0961

ISBN 979-11-6484-118-9(03320)

책값은 뒤표지에 있습니다.

파본은 구입하신 서점에서 교환해 드립니다.
이 도서의 국립중앙도서관 출판예정도서목록(CIP)은 서지정보유통지원시스템 홈페이지(http://seoji.nl.go.kr)와
국가자료종합목록 구축시스템(http://kolis-net.nl.go.kr)에서 이용하실 수 있습니다.
(CIP제어번호 : CIP2020015778)